마음밭에 씨앗 하나

마음을 깨우는 지혜의 울림

세 운

담앤북스

사찰에는 승과 속을 나누는 문이 하나 있습니다. 일심一心을 상징하여 일직선으로 놓인 기둥 위에 지붕을 얹은 일주문입니다. 일주문을 기준으로 밖은 세속이요, 안은 부처님 진리의 세계, 신성한 가람이라고 합니다. 여기서부터 청정한 수행의 도량이니 몸과 마음의 가짐을 바르게 하라는 경계선인 것입니다. 이 문 없는 문 앞에 서면 절로 몸가짐이 조심스러워지고 마음이 겸허해집니다. 눈앞에 분명하게 실재하는 것이기에 역사 깊은 고찰의 일주문과 마주할 때는 경외심마저 듭니다.

처음, 소승의 공부는 여기서부터 시작했는지 모릅니다. 눈으로 볼 수 있는 형태를 가진 상징 앞에서 신심을 가다듬고 이를 기준으로 승과 속을 구분하여 수행 환경을 나누어 보았는지도 모릅니다. 이 경건한 테두리 안에서 부처님의 가르침을 따르고 대조사님의 원력을 이어받아 부지런히 정진하여 자타일시성불도를 이루고자 하였습니다. 그러나 더 큰 공부는 그 울타리 밖에 있었습니다.

20여 곳의 사찰에서 소임을 살며 많은 불자들을 만났습니다. 그들은 사회생활과 가정생활을 살뜰하게 영위하는 가운데서도, 밤낮을 가리지 않고 도량을 찾아 염불하고 독송하고 절을 하며 신심의 향초를 아낌없이 살랐습니다. 그것은 때로 기복이었고, 때로는 참회였으며, 때론 무량한 자비와 서원의 마음이었습니다. 보다 지혜롭고 마음이 풍요로운 삶을 가꾸기 위해 진리를 갈구하는 순수의 발로였던 것입니다. 헤아릴 수 없이 오고 가는 불제자들의 발걸음에 닳고 해진 문턱에도 일심의 기둥이 우뚝하였습니다.

여기 모아 놓은 글들은 그간 소임을 살았던 사찰에서 발행한 사보에 실린 것으로, 불자님들과 나누었던 단상입니다. 때로 선지식인 양 가르침을 설하기도 했고, 수행을 독려했으며, 이런저런 문제들을 함께 고민하기도 했습니다. 우리 절을 찾는 불자들을 향한 목소리이기도 했으나, 가장 먼저 저 스스로를 점검하고 채찍질하기 위한 자성의 울림이기도 하였습니다. 이를 한데 엮어 그간의 수행 여정에 방점을 찍고 나아갈 정진의 가도에 거울로 삼고자 합니다.

올해는 예기치 못한 난국에 부딪혀 모두가 평범한 일상을 잃었습니다. 그러나 잠깐 멈추어 서고 느리게 가는 일상은 우리에게 내면을 돌아보고 내실을 다지며 자신을 성찰하는 계기를 선사했다고 생각합니다. 진심으로 자신의 참모습과 마주하는 정진의 시간을 보내기를 기원합니다.
승속의 경계를 두지 않고 수처작주하여 정진하는 불자님들이 진정 불보살의 현신입니다.

백양산에서 세운

차
례

봄
피어나

가을

거두어

겨울
나누다

먼저 자기 몸을 바로 하고 난 뒤에

남을 바로잡아라.

자기를 바로 한 사람을

'가장 수승한 자' 라고 일컫는다.

『잡아함경』

봄.

피어나

"옛말에,

선산은 굽은 나무가 지킨다 했습니다."

어떻게 살 것인가

● 　매일 새로운 오늘이 열립니다. 우리는 매일 매 순간 새로운 삶을 살아가고 있습니다. 과거·현재·미래가 다르지 않음을 알면 지난날의 고통을 오늘까지 끌고 올 필요가 없고, 새로 맞이하는 날에 특별한 의미를 부여할 필요가 없습니다. 다만 현재가 다시 오지 않을 귀한 순간임을 깨닫고 매일 매 순간을 살아가는 것이 중요합니다.

　부처님 경전에 이런 이야기가 있습니다.

　부처님께서 제자에게 "사람의 목숨이 얼마 동안에 있느냐?"라고 물으셨습니다.

　제자는 "며칠 사이에 있습니다."라고 대답했고 부처님께서는 "너는 도에 능하지 못하다."라고 하셨습니다.

곁에 있던 다른 제자는 "밥 먹는 사이에 있습니다."라고 대답했고 부처님은 "너도 도에 능하지 못하다."라고 하셨습니다.

또 다른 제자에게 묻자 그는 "숨 쉬는 사이에 있습니다."라고 했습니다. 부처님께서는 "훌륭하구나. 너는 도를 닦는 이라고 할 수 있다."라고 하셨습니다.

우리의 일생은 크게 세월의 흐름에 따라 나눕니다. 그리고 누구든 생로병사의 어느 한 지점을 지나고 있습니다. 모든 중생은 생사의 고해에서 벗어날 수 없습니다. 그러나 생사는 먼 곳에 있는 것이 아니요, 당장 눈앞에서 볼 수 있는 것도 아닙니다. 언제 생生이 오고 사死에 이를지는 아무도 모릅니다. 그렇기에 부처님께서는 생과 사가 찰나에 있으므로 결코 허투루 보내서는 안 된다는 가르침을 주셨습니다. 우리는 한 해를 어떻게 보낼 것인지가 아닌 지금 어떻게 살아야 하는지를 고민해야 합니다.

그렇다면 시시각각 달라지는 '지금'을 어떻게 붙잡고 살아야 할까요? 답은 아주 명료합니다. 불법佛法을 따르면서 매 순간을 불자로 살아가면 됩니다. 살생을 하지 않고 생명을 살리는 것[불살생不殺生], 남의 것을 탐내지 않고[불투도不偸盜], 삿된 음행을 하지 않고[불사음不邪婬], 거짓을 말하지 않고 [불망어不妄語], 가식적인 말을 하지 않고[불기어不綺語], 이간질 하지 않으며[불양설不兩舌], 나쁜 말도 하지 않고[불악구不惡口], 탐욕을 내지 않고[불탐욕不貪欲], 성내는 마음을 버리고[불진에 不瞋恚], 나쁜 생각을 갖지 않는[불사견不邪見] 열 가지의 십선계를 지키는 것이 바로 불제자로 올바르게 사는 방법입니다. 어려울 것이 하나도 없습니다.

그런데 어떤 특정한 상황이 닥쳤을 때 이를 지켜야겠다는 생각을 내면 이미 늦습니다. 앞서 말했듯 찰나는 너무나 짧은 순간이라, 붙잡을 틈도 없이 지나가 버리기 때문입니다. 남이 나를 화나게 했을 때 머릿속으로 십선계를 떠올리고, 십선계에 어긋나므로 화를 참아야겠다는 생각에 이를 때쯤이면 이미 많은 사람들이 화를 내고 있을 겁니다. 이 방법은 매뉴얼처럼 상황이 일어났을 때 쓰는 처방이 아니라 늘 몸과 마음에 익어 있어야 합니다.

꽃은 피어 있는 동안 같은 향을 냅니다. 아침에 맡은 향기나 저녁에 맡은 향기는 다를 바가 없습니다. 시간이 변해도 본성은 변하지 않습니다. 우리가 불자답게 산다는 것은 자성을 맑혀 부처님의 가르침을 훈습한다는 의미입니다. 그렇다면 언제 어디서 어떤 경계를 만나든지 불자로서의 삶을 살고 있다고 당당히 말할 수 있는 것입니다. 지금 이 순간 나는 어떻게 살아야 하는가를 깊이 생각해 보십시오. '나는 불자인가, 나는 법향이 스며든 사람인가?'를 스스로 묻고 돌아볼 줄 아는 이가 되기를 바랍니다.

가치 있는 삶을 빚다

● 　 해가 바뀌었을 때, 또 연중 두 번 있는 큰 명절에 가족들이 모두 모이면 다복하시라는 인사를 합니다. 아무쪼록 삿된 일은 생기지 않고 좋은 일만 가득하기를 바라는 마음에 건네는 인사입니다. 너도나도 복을 주고받는데, 주는 복을 잘 받으려면 먼저 내 복 밭이 기름져야 합니다. 복 밭은 마음 안에 있습니다. 마음을 잘 가꾸어야 복 밭이 비옥해집니다. 이 마음을 잘 가꾸려면 '값'을 잘해야 합니다.

'값하다'라는 말이 있습니다. 노력과 희생의 값어치에 맞다는 뜻과, 어떤 것에 합당한 노릇이나 구실을 한다는 분명한 뜻이 있는 말입니다. 즉, 얼마나 비싸고 좋은지 가격을 매기는 값이 아니라 얼마나 정성스럽고 가치 있는 것인지를 가늠하는 값을 말하는 겁니다.

이 '값' 중의 하나가 '나잇값'입니다. 나잇값은 나이에
어울리는 말과 행동을 말합니다. 나이는 사람 사이에서 상
하관계를 결정짓는 기준이 아닙니다. 나이는 살아온 세월
의 가치가 응축된 숫자입니다. 그 값을 잘한다는 것은 살아
온 세월 동안 축적해 온 '내 노릇'을 잘한다는 말입니다. 불
자들이 나잇값을 잘한다 함은 기도하고 수행해 온 세월의
값어치가 평소의 생각과 말과 행동에 묻어 나오는 것을 말
합니다. 해를 거듭하여 나이를 먹을수록 기력은 쇠하고 성
장은 멈추어 키가 줄기도 하지만, 수행의 키는 발돋움을 하
면 할수록 자라납니다. 내 수행의 나이는 얼마만큼 값이 더
해졌는지, 내 생각과 행은 그 값을 잘하고 있는지 점검해
야 합니다.

다음으로 '이름값'을 잘해야 합니다. 태어나면 부모님이
잘 성장하기를 바라는 마음을 담아 이름을 지어 주십니다.
이름에는 부모님의 소망과 기대와 사랑이 깃들어 있습니

다. 그 이름의 값어치는 스스로 매깁니다. 스스로 행한 만큼 누구는 '훌륭한 사람'이 될 수 있고, 또 누구는 '가까이 할 가치가 없는 사람'이 될 수도 있습니다. 주변의 시선에 휘둘려서는 안 되겠지만, 손상되어서는 안 되는 평판이 있습니다. 떳떳한 인격과 자신을 지키는 자존감입니다. 이를 굳건히 지켜 낼 수 있는 사람은 자기 자신밖에 없습니다.

불자들은 이름을 하나 더 받습니다. 부처님의 제자로서 수지하는 불명입니다. 부처님께 귀의하여 계를 지키고 불퇴전의 수행을 하고 사무량심으로 살아가는 삶을 발원하며 지극한 마음으로 받아 지니는 불명이 그것입니다. 불제자의 이름에 부끄럽지 않으려면 발원發願이 행원行願이 되도록 해야 합니다. 이 값을 잘하여 가치 있는 삶을 일구는 환한 지혜인으로 살아갑시다.

마치 소금이나 꿀이

어디에 섞이더라도

본성이 살아 있는 것처럼,

어떤 번뇌에 섞이더라도

불성은 존재한다.

『열반경』

변화의 시대, 나부터 달라져야

● 옛 사람들은 입춘을 정해 두고, 이 절기가 지나면 만물이 소생한다고 이야기했습니다. 그런데 아무리 생각해봐도 입춘은 봄보다 한겨울에 가까운 시기입니다. 살갗을에는 추위가 가시지도 않았는데 입춘이라니, 반문하지 않을 수 없습니다.

하지만 언 땅 밑에서는 아주 미묘한 푸름이 온 힘을 다해 대지를 뚫고 올라오고 있습니다. 우리는 미처 느끼지 못하지만, 자연의 이치는 그렇게 서서히 때를 맞추어 자신의 몸을 바꾸고 변화하고 있습니다. 제행무상諸行無常이라, 우주 만물은 끊임없이 변하여 한 모양을 갖추고 있지 않습니다. 오직 중생만이 겨울이라는 상에 머무르고 봄이라는 상에 집착합니다.

  부처님께서 출가하시기 전 싯다르타 태자로 궁에 머무르실 때였습니다. 태자는 세 명의 태자비를 맞았고, 삼시전을 설치해 겨울에 지내기 편한 궁전과 여름에 지내기 편한 궁전과 봄가을에 지내기 편한 궁전을 두고 머물렀습니다. 얼마나 호화로운 생활입니까? 그러나 태자는 이 모든 것을 다 포기하고라도 해탈의 길만은 포기할 수 없었기 때문에 출가를 결심합니다. 정반왕의 사랑받는 아들로서 가만히 있어도 호화롭고 편안한 삶을 살 수 있는데도 오직 해탈을 위해 궁궐을 나간 것입니다. 여러분이라면 그 윤택한 삶을 쉽게 버릴 수 있겠습니까?

  답은 '변화'에 있습니다. 과거에 집착하고 머무르면 결코 정각에 이를 수 없습니다. 우리는 끊임없이 변화하는 시대에 살고 있습니다. 과거에 비해 지금이 그렇고, 미래에는 더욱 급변할 것입니다. 이 변화의 물결 속에 여러분은 잘

적응하고 계십니까?

불교를 모르는 사람은 불교에 대해 '옛것'이라는 표현을 쓰기도 합니다. 하지만 불교는 늘 새롭고 항상 변화하는 종교입니다. 이는 교리가 변한다는 뜻이 아니라 부처님의 가르침을 통해 개인의 변화를 꾀하는 종교이기 때문입니다. 무명에서 광명으로, 무지에서 지혜로, 배타적이고 이기적인 마음에서 자리이타심으로 바꾸어 나가는 것이 바로 불교입니다. 기도를 아무리 열심히 해도 자신의 변화를 이끌어 낼 수 없다면 의미가 없습니다. 기도하기 전의 내 삶과 이후의 삶이 확연히 달라져야 비로소 기도를 제대로 한 것입니다.

바뀌는 과정은 누가 도와줄 수 있는 일이 아닙니다. 스스로 변화하기 위해 기도하고 수행해야 가능한 일입니다. 내가 변화하는 삶을 가꾸는 수행에 전념하십시오.

쓸모의 발견

● 　고대에 농경 문화가 시작되고 사람들은 물을 관리하기 시작했습니다. 2천여 년을 거슬러 올라가 삼한시대에 김제 벽골제, 제천 의림지와 같은 저수지가 만들어졌습니다. 작물이 자라는 데 영향을 미치는 요소 가운데 인간의 힘으로 조절할 수 있는 것을 발견하고 그 방법을 찾아낸 겁니다. 다스린다는 뜻을 가진 한자 '치治'에도 물이 들어갑니다. 물을 다스리는 법, 치수治水를 얼마나 중요하게 여겼는지 짐작이 갑니다.

치수시설은 오늘날에도 다양한 종류가 있는데, 물길을 인위적으로 조절한다는 공통점이 있지만 각각 역할이 달라, 댐은 물을 저장하고 보는 물 높이를 일정하게 유지합니다. 닮았지만 다른 이름을 가진 것들은 자세히 들여다보면 명확한 쓰임새와 개성이 있는 법입니다.

'쓸모'는 쓸 만한 가치, 쓰이게 될 분야나 부분을 말하는데, 요즘은 다소 부정적인 어감을 많이 떠올리게 되는 것 같습니다. 쓸모는 유용함을 말하는 것입니다. 사람의 일로 빗대어 보자면, 어떤 분야에 적합한 소질이 있어 주어지는 역할을 잘 해 내면 쓸모가 있다 할 것입니다. 역으로 쓸모가 있으려면 맡은 바 역할을 잘 완수해야 하는데, 그러자면 역할 수행에 필요한 재료를 잘 활용해야 합니다.

또 재료를 잘 활용하려면 먼저 그 재료가 무엇인지, 속성은 어떠한지 알아야 합니다. 요리를 잘하려면 어느 계절에 어떤 작물이 제철인지, 보관은 어떻게 해야 하고 손질은 어떻게 해야 하는지 등을 알아야 할 것입니다. 옷을 잘 만들려면 원단의 종류와 성질, 다양한 부자재의 활용법을 알아야 하고, 글을 잘 쓰려면 글의 재료가 되는 낱말과 표현의 대상이 되는 사물의 성질에 대해서도 알아야겠지요.

집을 지을 때도 마찬가지입니다. 우리 절에서는 대조사전 불사가 한창인데, 마무리 단계에 접어들어 기와를 올리고 단청을 합니다. 단청이 또한 재료와의 분투입니다. 전통 안료를 사용한 옛 사찰들은 세월에 풍화되어도 고준함이 묻어납니다. 자연에서 얻은 전통 안료라 해도 성분에 따라 사용방법이 달라 잘못하면 가치를 잃기 쉽다고 합니다. 이렇듯 재료에 대해 알고 선별하고 그 재료를 활용하는 데서부터 쓸모의 갈래가 나뉩니다.

스스로 가진 재주가 없다고 말하는 사람들은 자신이 가진 것을 잘 모르는 사람입니다. 누구나 가진 것이 있습니다. 제 눈에 보잘것없어 보여도 그것은 남이 가진 것과 비교할 때나 그렇습니다. 각자가 가진 그릇의 크기는 다른 게 맞습니다. 그릇을 발견한 때와 키우고 가꾸기 시작한 지점이 서로 다르기 때문입니다. 각자의 시간이 다르게 흘러가는 것은 그래서 불공평한 일만은 아닙니다. 심지어 모양도 다릅니다. 이는 차라리 다행한 일입니다. 비슷한 역할을 맡아도 결과물의 모양이 서로 다른 것은 세상을 다채롭게 만드는 재료가 될 수 있습니다.

이 점을 인정하고 존중해야 합니다. 사소해 보이는 일이라도 나의 쓸모가 빛을 발하지 못하는 어딘가에서 다른 누군가 쓸모 있는 역할을 해 내는 중이기 때문입니다.

눈을 크게 뜨고 나의 재료들을 잘 살펴보십시오. 원석이 이미 있다면, 무엇을 가졌느냐보다 어떻게 조각할 것인지가 더 의미 있는 고민입니다. 이것들을 어떻게 깎고 다듬으면 멋진 탑이 완성될지 곰곰이 들여다보십시오.

옛말에 굽은 나무는 땔감으로밖에 쓸모가 없다 했습니다.

또 옛말에, 선산은 굽은 나무가 지킨다 했습니다.

미혹한 사람은 입으로 외우고

지혜로운 사람은 마음으로 행한다.

『육조단경』

마음 밭에 씨앗을 심자

● 　봄기운이 대지에 가득합니다. 나뭇가지에는 앞다투
어 새순이 돋아나고 목련이 어느새 꽃망울을 터뜨렸습니
다. 겨울 지나 봄이 오기까지 오랜 기다림이 있었지만 봄은
순식간에 온 대지를 뒤덮고 있음을 느낍니다.

　이즈음은 농부들이 밭에 씨를 뿌리고 가을의 풍성한 결
실을 꿈꾸며 각종 모종을 위해 분주할 때입니다. 씨를 뿌리
기만 하면 저절로 가을에 열매가 맺히는 것이 아닙니다. 비
도 적당히 내려야 하고 바람도 불어야 하고 여름에는 뙤약
볕도 필요합니다. 자연이 하는 일 외에 농부가 할 일은 더
많습니다. 수시로 작물을 돌보면서 잡초를 뽑고 거름을 주
어야 하고 태풍도 막아 주어야 합니다. 씨를 뿌리고 나서부

터 수확하기까지 단 하루도 쉴 틈 없이 보살펴야 풍요로운 결실을 맺을 수 있는 것입니다.

봄날에 농부가 씨앗을 심고 가꾸듯 우리 불자들도 마음 밭에 깨달음의 씨앗을 하나씩 심어야 합니다. 마음 밭에 씨앗을 심는 것은 수많은 인연에 의해서 가능한 일입니다. 그렇기 때문에 씨앗을 잘 심었다면 잘 자라고 있는지 수시로 꺼내어 보고 담금질을 해야 합니다. 시간이 지나면 자연스레 잘 여물 것이라고 생각해서는 안 됩니다. 꾸준한 정진과 수행이 없다면 결코 온전히 여물 수 없습니다. 기쁠 때나 즐거울 때나 우울할 때나 심란할 때를 막론하고 항상 씨앗이 잘 여물 수 있도록 해야 합니다. 그래야 깨달음의 단단한 열매로 회향할 수 있습니다.

부처님께서도 『쌍윷따 니까야』에서 다음과 같이 말씀하셨습니다.

"나 또한 밭을 갈고 씨를 뿌린 후에 먹는다. 믿음은 씨앗이며, 고행은 비이며, 지혜는 나의 멍에와 쟁기이며, 마음은 멍에의 끈이며, 부끄러움은 막대기이며, 마음 챙김은 보습과 소몰이 막대이다. 몸을 단속하고, 말을 조심하고, 음식을 알맞게 먹는다. 진실은 나의 제초기이며, 온화함은 멍에를 벗음이다. 정진은 나의 짐을 진 소이며, 속박으로부터 안온함으로 이끌고 쉼 없는 정진으로 슬픔 없는 곳에 이른다. 이렇게 밭갈이가 끝나면 불사不死의 열매를 거두며 모든 괴로움에서 벗어난다."

　수행하기 좋은 계절입니다. 마음 한 자리를 비우고 각자의 마음 밭에 깨달음의 씨앗을 심어 잘 가꾸시기 바랍니다.

길을 가는 법

●   봄에 뿌리는 씨앗이 얼마나 튼실한가에 따라 수확의 양과 질이 결정됩니다. 씨앗이 온전하지 못한 것이라면 여름 동안 아무리 땀을 흘리고 정성을 쏟는다 하더라도 풍요로운 결실을 맺을 수 없습니다. 이와 마찬가지로 어떤 일을 시작할 때 목표를 정확하게 세워야 원하는 결과를 성취할 수 있습니다.

기도를 할 때도 마찬가지입니다. 자신이 원하는 것이 무엇인가를 명확하게 정하고 기도를 해야 원을 성취할 수 있습니다. 명확한 원을 세우지 않고 염불을 하거나 기도를 하면 그만큼 절실한 마음이 생기지 않고 기도에 집중하기도 어렵습니다. 이것은 길을 갈 때 목적지를 정하고 가는 것과 목적지를 정하지 않고 가는 것에 비교할 수 있고, 목적지를 정하더라도 경로를 파악하고 가는 것과 무작정 가는 것에 비교할 수 있습니다. 목적지를 정하지 않고 무작정 길을 가면 아무리 열심히 걸어도 앞으로 나아갈 수 없고 배회하며 평생 길 위에서 헤매다 소중한 인생을 다 보내고 말 것입니다.

목적지가 정해졌으면 어떠한 방법으로 갈 것인지 생각해야 합니다. 그리고 바르고 정확한 길을 선택하는 지혜가 필요합니다. 그 한 방법으로 선지식을 찾는 방편이 있습니다. 그 길을 가 본 사람에게 물어보면 가장 빠르고 정확한 방법을 배울 수 있기 때문입니다.

부처님께서는 우리에게 수많은 길을 가르쳐 주셨습니다. 팔만사천이라는 무진장한 법문으로 길을 보이셨고 선지식들 또한 수많은 가르침으로 길을 가리키고 있습니다. 그 길을 따라가기만 하면 되는데도 우리들은 부처님께서 가르쳐 주신 법을 믿지 못하고, 올바로 배우지 못하고, 또 배우고도 행하지 않기 때문에 깨달음에 이르지 못합니다.

진정한 불자라면 하루에 한 시간, 십 분, 아니면 아침에 일어나 잠깐이라도 자신을 돌아보는 시간을 가지고 수행해야 합니다. 부처님을 모신 청정한 도량에서 수행하면 가장 좋겠지만 장소는 어디든 상관이 없습니다. 기도의 방법도 자신의 근기에 맞게 하면 됩니다. 염불을 하든 정근을 하든 염주를 돌리든 절을 하든 모든 수행은 깨달음의 길로 연결되어 있다는 것을 믿고 실천하면 됩니다. 오늘을 그 첫날로 잡고 실천해 보십시오.

습관

● 　누군가 인생의 가장 젊은 시절이 언제였느냐고 물으면 우리는 흐릿한 과거의 어느 장면을 떠올립니다. 하지만 가장 젊은 순간은 지금입니다. 과거의 젊음은 돌이킬 수 없고, 미래는 늙어갈 뿐이니, 지금이 가장 젊다 말할 수 있는 것입니다. 그러니 늦었다고 아쉬워할 필요가 없고 아직 멀었다고 안심할 것도 아닙니다. 다만 가장 젊은 이 순간 우리는 끊임없이 자기를 변화시키는 수행을 해야 하는 것입니다.

요즘 밤마다 많은 불자님들의 예참수행이 이어지고 있습니다. 정진하는 그분들의 모습을 보면 참 대단하다는 생각이 듭니다. 스님들이야 수행을 일상으로 삼는지라 그렇다 치지만, 대부분의 불자님들은 낮 동안 생업에 종사하느라 바쁘고 가정을 돌보느라 힘이 들 텐데도 늦은 밤 모여서 공부에 집중하는 모습을 보면 놀라지 않을 수 없습니다. 더군다나 요즘에는 일찍이 예참수행에 동참했던 분들이 주변에 좋은 얘기를 많이 전하는지 새로 동참하는 분들이 늘어나고 있습니다. 그중에는 젊은 불자들이 특히 눈에 띄게 늘었습니다.

'수행'은 성불로 이어지는 노력입니다. 그렇다면 '부처가 되기 위한' 방편으로서의 수행만 필요한 것인가 하는 의문을 가질 수 있습니다. 하지만 꼭 그런 것만은 아닙니다. 각자의 근기가 다른데 어떻게 수행한다고 해서 무조건 부처가 될 수 있겠습니까.

수행은 습관처럼 해야 합니다. 당장에 어떤 큰 변화를 목표로 두고 하는 것보다는 자연스레 생활에 젖어들어야 합니다. 밤마다 예참수행에 동참하는 불자들이 모두 부처가 되기 위해 그 자리에 모인 것은 아닙니다. 하나같이 '마음이 편안해서'라고 그 이유를 말합니다. 몸은 고되지만 마음은 편안하다는 겁니다. 매일 꽉 막힌 마음으로 살아가는 우리에게 정진하는 짧은 시간은 평화로움을 가져다줍니다. 그리고 그것이 계속되면 정진하는 시간뿐만 아니라 평상시에도 절로 평화가 스며들게 됩니다.

처음에는 모두 방편이 필요합니다. 수행 정진 기간을 정해 두는 것은 방편입니다. 사소하지만 목표의식을 주는 것입니다. 그 안에서 어떻게 수행을 자기의 것으로 만들지는 각자의 근기에 달려 있습니다. 수행에 온전히 몰두하여 습관으로 지니게 되는 것, 그것이 기도 수행의 가장 큰 목표입니다.

순리에 따라 변화하는 삶

● 우수는 눈이 녹아 비가 된다는 절기입니다. 자연의 이치는 너무나 명확한데 우리는 그 당연한 순리를 놓치고 살 때가 있습니다. 물의 입장에서 본다면 계절은 제 몸을 얼리고 녹이는 시절인연이며, 대지의 입장에서 본다면 제 몸에서 싹이 돋았다가 낙엽이 떨어지는 인연이라고 할 수 있습니다.

우리의 생활은 계절에 큰 영향을 받고 있지만, 삶 자체는 계절과 크게 상관없이 흘러가고 있습니다. 봄이라 하여 행복하고, 겨울이라 하여 불행한 삶을 살지 않기 때문입니다. 만일 봄에 행복하고 겨울에 불행하다고 느낀다면 그것은 큰 고통입니다. 오매불망 봄만 기다리다 보면 나머지 세 계절을 지내는 동안 얼마나 불행하겠습니까. 그것도 매년 반복적으로 말입니다. 80년의 생을 산다면 행복한 순간은 20년밖에 되지 않을 테니 이 또한 고통입니다.

　계절에 비유했지만 이는 우리가 삶을 바라보는 시선과 다르지 않습니다. 불행을 바라는 사람은 아무도 없습니다. 또 행복이 잠깐만 찾아와 주기를 바라는 사람도 없습니다. 불행을 멀리하고 행복은 아주 긴 시간 지속되기를 바라는 것이 우리 모두의 마음입니다. 행복幸福에서 '행幸'은 '일찍 죽을 요夭' 자와 '거스를 역屰' 자가 합쳐진 글자입니다. 다시 말해 일찍 죽을 것을 면했다는 뜻입니다. 사람들은 행복하지 않으면 큰일 날 것처럼 유난을 떨지만 한자의 뜻풀이대로라면 죽지 않고 살아 있는 지금 우리는 행복을 누리고 있는 것입니다. 삶 자체가 행복인데 어디에서 행복을 구하겠습니까? 구할 필요가 없는 것을 구하고 있으니 이보다 더 어리석은 일이 없습니다.

　우리가 진리를 익혀 지혜를 구하는 이유는 행복을 얻기

위함이 아닙니다. 부처님께서 열반에 이르셨을 때 아무것
도 설한 바가 없다고 하신 까닭은 제자들에게 구경에 얻을
바가 없는 것을 말씀하신 것입니다. 불교는 그 지혜를 일러
주는 가르침입니다. 지금 현재가 행복이라는 것을 깨닫는
지혜가 불교입니다.

그렇다면 여러분의 지금 모습을 돌이켜 보시기 바랍니
다. 불자로서의 삶을 살아가고 있는 이유는 무엇입니까?
아주 오랫동안 절에 다니는 신도님들의 이야기를 들어보
면 저마다 불교를 통해 삶의 변화를 경험한 분들이 많습니
다. 그것이 갑작스러운 가피이든 아니면 시간이 축적되어
생긴 변화이든 모두가 자연스럽게 보다 나은 삶을 살고 있
다는 것은 확실합니다. 만일 기도를 하는데도 삶에 아무런
변화가 생기지 않았다면 굳이 수십 년 절에 다닐 이유는 없
을 것입니다.

계절은 중요하지 않습니다. 수억 년을 이어 온 자연인데,
그 가운데 찰나처럼 스쳐 지나가는 봄 여름 가을 겨울이 무

슨 큰 의미가 있겠습니까. 다만 나무에 나이테가 새겨지듯 오랜 세월 무르익어 가는 변화가 중요한 것입니다. 순리는 역행하는 것이 아닙니다. 본질을 유지한 채 끊임없이 더 나은 방향으로 이어지는 것이 순리입니다. 작은 나무가 크게 성장하는 것도 순리이며, 나무가 죽어 땅의 양분으로 돌아가는 것도 순리입니다. 얼음이 녹아 물이 되고, 이 물은 여름내 풀잎들을 싱그럽게 간질이다가 겨울엔 다시 얼음이 될 것입니다. 본질은 변하지 않습니다. 다만 순리에 따라 세상을 순환하며 변화해 가는 것입니다.

아는 만큼 모른다

● 살아간다는 것은 알아 간다는 말과 바꾸어도 크게 틀리지 않을 것입니다. 우리는 태어나서 죽을 때까지 배움의 시간을 보냅니다. 눈을 떠 사물을 보고 구별하는 법을 배우고, 귀로 듣고 입으로 말하는 법을 배우고, 앉고 서고 걷고 뛰는 법을 배우고 나면, 그 다음으로 세상을 살아가는 데 필요한 지식들을 배웁니다. 누군가 가르쳐 주어서 알게 되고 스스로 깨달아 알기도 하고, 특출한 어떤 이는 누구도 몰랐던 것을 최초로 알게 되기도 하겠지요.

이 '앎'의 정도가 삶의 질을 크게 좌우하기에 그 정도를 견주어 줄 세우는 일이 오늘날 우리가 살아가는 세상의 바탕을 이루기도 합니다. 그런데 이 '앎'과 '누군가가 아는 것'과 '누군가가 아는 정도'를 대할 때 견지해야 할 태도가 있습니다.

20세기 최고의 물리학자이자 상대성 이론으로 유명한 아인슈타인이 제자들과 함께할 때, 제자들이 아인슈타인에게 질문했습니다.

"선생님은 이미 그렇게 해박한 지식을 가지고 계시는데 어째서 배움을 멈추지 않으십니까?"

아인슈타인은 이렇게 대답했습니다.

"이미 알고 있는 지식이 차지하고 있는 부분을 '원'이라고 한다면 '원' 밖은 모르는 부분이 됩니다. '원'이 커지면 '원'의 둘레도 점점 늘어나 접촉할 수 있는 미지의 부분이 더 많아지게 됩니다."

그리고 다시 한 번 제자들에게 말했습니다.

"지금 저의 '원'은 여러분들 것보다 크다고 하겠지만 제가 접촉할 미지의 부분이 여러분보다 더 넓고 많습니다. 그건 결국 모르는 게 더 많다고 할 수 있습니다. 그런데 어찌 게으름을 피울 수 있겠습니까?"

　우리 속담에 "벼는 익을수록 고개를 숙인다."고 했습니다. '앎' 이 익을수록 자만이 고개 숙여야 합니다. 알고자 하는 것을 알기는 쉬우나, 모르는 것을 알고자 하기는 어렵습니다. 많이 배우고 많이 알고 있다는 아상이 자신의 무지에 장막을 드리워 배워 나갈 길을 가로막기 때문입니다. 지식의 수준을 다투다 보면 놓치기 쉬운 일입니다.

　『법구경』에서도 "자신의 어리석음을 알고 있는 자는 현명한 사람이다. 자신이 현명하다고 착각하는 자가 정말 어리석은 사람이다."라고 했습니다. '원 밖에 존재하는 미지의 접촉면' 이 사람마다 다르므로 '앎의 수준' 을 자신을 기준으로 하여 상대를 재단하는 행동은 지양해야 할 것입니다.

　그런데 부처님 법만큼은 아는 만큼 알고, 아는 것 이상으로 알게 되는 가르침입니다. 한 가지 진리가 통하면 만물의 이치를 깨치는 그러한 법法입니다.

　우리는 기껏 지구 안의 일을 알며 살아가지만 불보살님

은 우주 밖의 일까지 꿰뚫어 보십니다. 문자에 천착하고 알음알이에 치우치면 놓치고야 마는 진리입니다. 우리의 '앎'이 진리를 구하는 지혜로 거듭나야 하지 않을까요.

나를 힘나게 하는 수행

● 　벚꽃이 한창 만개하고 있습니다. 호시절好時節이라는 단어가 딱 맞아떨어지는 요즘입니다. 개인적으로는 벚꽃이 활짝 피어 연분홍의 꽃잎을 드러낼 때보다, 발갛게 무르익은 꽃망울의 풍경이 더 아름답게 느껴집니다. 이를테면 우리의 인생과 닮아 있다고 할까요. 벚꽃이 활짝 피고 나면 참 예쁜데, 그때는 이제 떨어질 일밖에 남지 않았습니다. 그러나 아직 꽃을 틔우지 않은 봉오리에게는 꽃이 필 일만 남았습니다. 껍질을 벗지 못한 채 꾸역꾸역 봉오리를 오므리고 있지만, 아직 오지 않은 미래가 남아 있으니 얼마나 설레는 일입니까.

　삶도 마찬가지입니다. 어떤 사람은 이미 모든 것을 갖추고 화려한 삶을 살고 있지만, 누군가는 그렇지 않습니다. 또 많은 사람들이 자신을 다른 사람과 비교하며 남보다 못한 삶을 살고 있다고 스스로 생각합니다. 그러나 화려한 꽃에게 남은 것은 자취를 감추는 일이고 꽃봉오리에게 남은 것은 화려하게 피어날 일인 것처럼 아직 시절인연이 도래하지 않았을 뿐 우리 모두는 귀한 모습을 타고났습니다.

현대인들은 피곤하다는 말을 달고 삽니다. 그렇다면 하루 중 가장 편히 쉴 수 있는 시간이 언제인가요? 당연히 밤입니다. 밤잠을 푹 자고 일어나면 피로가 풀리면서 컨디션이 좋은 상태가 되어야 할 겁니다. 그런데 일어나자마자 또 얘기합니다. "아이고 피곤해라." 거울을 들여다보면 축 처져 힘든 표정이 역력합니다. 그럼 우리는 언제 개운할 수 있고, 언제 피로하지 않을 수 있습니까?

이는 단순히 신체적인 피로 때문만은 아닙니다. 늘 스트레스가 꽉 차 있고 번다한 생각이 머리를 떠나지 않으니, 아무리 잠을 자도 망념들이 다음 날까지 나를 쫓아오는 것입니다.

『법구경』에서는 이렇게 이르고 있습니다.

"온화한 마음으로 성냄을 이기라.
착한 일로 악을 이기라.
베푸는 일로써 인색함을 이기라.
진실로써 거짓을 이기라."

우리는 힘들고 지치는 일이 생기면 당연히 그 일을 '극복'해야 한다고 생각합니다. 그러나 모든 일은 극복하는 것만이 능사가 아닙니다. 극복하기 위해 나를 닦달하기보다 잠시 내려놓고 돌아보는 것이 더욱 현명한 일일 수도 있습니다. 온화한 마음이 성냄을 이기듯, 일상에서의 수행이 나를 힘나게 할 것입니다.

계율이 청정하면 선정을 얻음이요,

선정을 얻으면 지혜를 얻고,

지혜를 얻으면 해탈을 얻으며,

곧 무여열반하게 될 것이다.

『증일아함경』

참회, 인연, 서원의 등불

● 부처님께서는 우리에게 오감이 없는 무상의 진리를 설하셨지만, 우리 중생은 당신의 오심에 기쁨을 감출 길이 없으며 축제를 열지 않을 수 없습니다. 불자들은 부처님오신날이 되면 등불을 밝혀 부처님의 가르침을 만 중생에게 알리고 사회의 어두운 곳을 밝히는 축제의 향연을 펼칩니다.

부처님께서는 이 세상에 인간 싯다르타로 오셔서 생로병사로 고통받는 중생들을 보며 깨달음을 얻으시고 팔만사천 법문을 설하셨지만, 그 법을 만나지 못한 중생들이 무량합니다. 『법화경』에 "내가 무수한 방편과 가지가지 인연과 비유와 이야기로 법을 말하지만, 이 법은 생각이나 분별로는 능히 이해할 수 없는 것이니, 오직 부처님들만이 아시는 것이다. 부처님들은 다만 일대사인연一大事因緣으로 이 세상에 출현하시기 때문이니라."고 하셨습니다. 인간으로 태어나기 어렵고 불법을 만나기는 더욱 어려우며 부처님을 만나기는 더더욱 어려우니 중생으로 하여금 스스로 깨닫게 하려고 한 가지 서원에 인연하여 세상에 나신 것입니다.

『방등경』에 부처님께서는 "중생이 고통받는 것을 보면 모든 중생을 위하여 모든 죄를 참회하되 중생들이 받는 고뇌를 내가 모두 대신 받아 저들로 하여금 낙을 받기 원하며, 이러한 인연으로 필경에는 일체 고통을 받지 않고 순수한 즐거움을 받는다. 이것이 곧 보살이 행하는 방편이다." 라고 하셨습니다. 보살이 중생들에게 죄를 대신 참회해서라도 즐거움을 주려고 함은 아무리 중한 죄를 지었다 하더라도 참회하고 선행을 닦으면 죄를 멸할 수 있기 때문입니다.

우리가 세상을 살아가면서 시시때때로 생겨나는 마음과

말과 행에서 그 누가 아무런 죄 없이 살아간다 말할 수 있 겠습니까. 알게 모르게 누군가에게 상처를 주고 고통을 주 며 살아가는 우리들이기에 참회야말로 자신을 돌아보고 선의 씨앗을 심어 불도의 길로 가는 시작이 됩니다.

부처님은 법신의 몸으로 늘 우리 곁에 상주하고 계십니 다. 그럼에도 우리 불자들이 부처님오신날을 특별한 날로 여기는 까닭은 이날을 기해 스스로를 돌이켜 참회하고, 한 중생이라도 부처님과 인연을 맺기 때문입니다.

미혹한 중생의 어리석음을 물리치고, 참회하는 마음으로 시작하여 모든 이들이 부처님과 인연을 맺어서 다음 생에 라도 성불하리라는 서원을 세우고 기도한다면 반드시 불 국정토가 이 땅에 나투게 될 것입니다.

윤달, 여벌달, 덤달

● 윤달은 음력에서 평년의 열두 달보다 한 달이 더 보태진 달입니다. 양력으로 1년은 365일인 데 비해 달이 차고 기우는 것을 기준으로 하는 음력에서는 1년이 354일이기 때문에 8년마다 약 3개월의 달이 모자라게 됩니다. 그러다 보니 계절의 추이를 정확하게 맞추기도 어렵고 농사에도 지장이 크기 때문에 그것을 맞추기 위해 윤달이 드는 것입니다. 그래서 보통 윤달은 3년에 한 번꼴로 돌아옵니다.

이렇게 몇 년 만에 한 번씩 돌아오기 때문에 '여벌달' '공달' 또는 '덤달'이라고 부릅니다. 민간에서는 보통 달과는 달리 걸릴 것이 없는 달이고 탈도 없는 달이라 하여 여러

가지 풍속이 이어져 왔습니다. 속담에는 송장을 거꾸로 세워도 탈이 없다고 할 만큼 무탈한 달로 되어 있습니다. 그래서 평소에 방위나 날짜를 까다롭게 따지던 집수리, 이사 등도 윤달에 하면 가릴 것이 없다고 했습니다.

조선시대의 학자 홍석모가 전국 각지의 풍속을 월별로 정리한 『동국세시기』에는 윤달에 대하여 이렇게 전하고 있습니다.

"풍속에 결혼하기에 좋고, 수의를 만드는 데 좋다. 모든 일을 꺼리지 않는다. 절에서는 매양 윤달을 만나면 장안의 여인들이 다투어 와서 불공을 드리며 돈을 자리 위에 놓는다. 그리하여 윤달이 다 가도록 끊이지 않는다. 이렇게 하면 극락세계에 간다고 하여 사방의 노인들이 분주히 달려오고 다투어 모인다. 서울과 그 밖의 지방[外都] 여러 절에서도 대개 이러한 풍습이 있다."

이 같은 기록을 통해 윤달 내내 절을 찾아 불공을 드리는 풍속이 이어져 왔음을 알 수 있습니다. 이렇게 탈이 없고 복만 있는 '덤달' 윤달이기에 절에서는 현세의 복만이 아닌 내세의 복을 지성껏 닦는 '생전예수재'를 지내기도 합니다. 또 윤달에 세 곳의 절에 가면 모든 액이 소멸되고 복이 온다고 하여 많은 사람들이 이름 있는 절들을 찾곤 했습니다. 생전예수재生前豫修齋는 살아 있는 동안 진 빚, 즉 업을 살아 있는 동안 잘 닦아서 청정한 몸과 마음으로 죽음을 대비하고자 하는 수행의식으로 악업을 씻고 선업 쌓기를 발원하는 것입니다. 그래서 다른 말로는 '역수逆修'라고도 합니다.

이처럼 윤달에 이루어지는 기도와 재에는 큰 교훈이 숨어 있으니, 그중 하나는 참회하라는 것입니다. 내생에 복락을 누리려면 지금까지 지은 잘못된 행동을 참회하여야 합니다. 설사 특별히 잘못된 행동을 하지 않았다 할지라도 우리의 삶이 다른 중생의 생명과 봉사로 인하여 유지되고 있다는 사실을 돌이켜본다면 내 삶 자체가 참회의 연속이어야 합니다. 그래서 윤달을 맞아 나와 이웃을 돌아보고 참회하는 마음으로 살라고 가르치는 것입니다. 또 다른 하나는 부지런히 선근공덕을 쌓으라는 것입니다. 사람은 누구나 죽음을 맞게 됩니다. 죽은 뒤에 나게 될 내생을 위해 공덕을 쌓아 현생을 더욱 값지고 의미 있는 삶으로 바꾸라는 것입니다.

또 윤달에 삼사순례를 하는 오랜 전통도 있습니다. 하루 동안에 삼도의 삼사를 순례하면 극락에 간다는 말이 있습니다. 교통이 발달하지 않았던 과거에는 하루에 삼도 삼사를 순례하는 것이 불가능한 일이었기에 그 공덕이 극락세계에 갈 만큼 크다고 여겨졌습니다.

물론 아무런 공덕도 짓지 않고 삼도 삼사순례만 했다고 해서 왕생극락할 수 있는 것은 아닙니다. 중요한 것은, 참회하고 기도하고 선업을 쌓아 삶의 방향을 바로잡는 일의 공덕이 매우 크다고 일깨워 주는 것이 윤달의 참뜻임을 상기하는 일입니다.

이미 생겨난 죄의 싹을 절단해 버린 사람,

새로 또 다른 죄의 씨를 뿌리지 않는 사람,

그리고 현재 생겨나는 죄를

더 이상 자라지 못하게 하는 사람,

홀로 걸어가는 저 사람을 성자라 하느니,

그는 이미 저 니르바나의 언덕에 이르렀다.

『숫타니파타』

전생의 일을 알고자 하는가?
지금 받고 있는 업이 이것이다.
다음 생의 일을 알고자 하는가?
지금 짓고 있는 행이 다음 생의 과보이다.

『잡아함경』

여름

·

무르익고

"제행무상諸行無常.

세상 모든 것이 변한다면

또한 모든 것을 바꿀 수도 있습니다."

수행이 여무는 시절

● 　여름은 봄기운에 설레고 들떴던 마음을 차분히 가라 앉히고 마음공부하기 좋은 시절입니다. 아직 덥지 않은 바람이 불어오기 때문에 더욱 그렇습니다. 특히 각 사찰과 선방에서는 하안거에 들어 수행의 열기가 가득하니 더불어 부처님의 가르침을 마음에 새기기에 좋은 때입니다. 이러한 때 밖으로 내달리는 마음을 안으로 끌어들여 자신을 들여다보고 염불하고 참선하며 공부의 깊이를 더하는 기회로 삼으면 좋을 듯합니다.

어떤 일을 만났을 때 그 일어난 현상에 집중하는 것이 중요합니다. 특히 좋지 않은 일이 일어났을 때는 그것을 받아들이고 해결 방법을 찾는 것이 중요한데, 잘잘못을 가리느라 시간을 허비하기도 하고, 잘못한 사람을 찾아내어 그 사람을 나무란다고 해서 해결될 일이 아닌데도 불구하고 목청을 높이고 시시비비를 따지는 경우를 종종 봅니다. 누구나 실수할 수 있는 일인데도 자신의 실수에 관대하면서 타인의 실수를 용납하지 않는 것은 모두 이기심이 앞서기 때문입니다. 이렇듯 어떤 일이 일어난 것을 보고 자칫 실수할 수 있는 중생들을 위해 부처님은 『아함경』에서 다음과 같은 이야기를 하셨습니다.

"어떤 사람이 독 묻은 화살을 맞아 견디기 어려운 고통을 받을 때 그 친족들이 곧 의사를 부르려고 했다. 그런데 그는 '아직 이 화살을 뽑아서는 안 되오. 나는 먼저 화살을 쏜 사람이 누구인지를 알아야겠소. 그리고 그 활이 뽕나무로 되었는지 물푸레나무로 되었는지 알아야겠소. 또 화살 깃이 매 털로 되었는지 독수리 털로 되었는지 아니면

닭 털로 되었는지 먼저 알아야겠소.' 이와 같이 말
한다면 그는 그것을 알기도 전에 온몸에 독이 번
져 죽고 말 것이다."

독 묻은 화살을 일단 뽑고 치료하는 것이 가장 중요한 일
임에도 불구하고 누구를 탓하고자 하는 마음 때문에 결국
죽음을 맞이하게 될 수도 있다는 가르침을 얻게 되는 이야
기입니다. 이처럼 어떤 일에 직면했을 때 그것의 본질을 파
악하고 올바르게 대처하는 것은 참으로 중요합니다. 하지
만 평소 수행을 꾸준히 하지 않는 사람은 독화살을 맞은 사
람과 같이 어리석음을 떨치기 어렵습니다. 수행은 지혜를
증장시키고 현실을 올바로 직시할 수 있는 힘을 키워 줍니
다. 부처님께서는 어리석은 중생들에게 이러한 가르침을
주고자 위와 같은 비유를 들었음을 깨달아야 합니다.

바람결에 조금씩 실려 오는 꽃향기를 맡으며 조용히 수
행하기 좋은 계절입니다. 춥지도 덥지도 않은 이즈음, 행行

으로 부처님 가르침을 실천하는 이것이 청복淸福임을 느낄
일입니다.

연꽃 같은 사람

● 초여름이 되면 연못에 연꽃이 피어나기 시작합니다. 연꽃은 참으로 생명력이 강합니다. 그리고 그 종류도 다양합니다. 연꽃은 꼭지의 부드러운 부분을 잘라 물에 넣어 두면 10일 이내로 싹이 돋아납니다.

연꽃은 불교와 인연이 깊습니다. 부처님이 탄생하는 순간에도 연꽃이 피어났고, 불보살님은 연화좌대 위에 앉아 계시며, 거리를 장엄하는 등도 연꽃의 형상을 본떠 통칭하여 '연등'이라 부르는 것이 일반화되었습니다. 연꽃은 부처님의 가르침이나 중생과의 인연담에도 곧잘 등장합니다. 천태종의 소의경전인 『법화경法華經』은 부처님의 가르침을 백련화白蓮華에 비유하고 있습니다.

부처님께서 세 번의 법회에서 제자 가섭존자에게 선법禪法을 전했다는 '삼처전심三處傳心' 중에 '영산회상거점화靈山會上擧拈花'가 있습니다. 부처님 당시 영축산 법자리에서 부처님께서 연꽃을 들자 아무도 그 뜻을 몰랐는데 오직 가섭존자만 빙그레 미소 지었다 하여 가섭존자를 부처님의 마음을 얻은 제자라 불렀고, 훗날 선불교가 되어 중국 선사 상사에 엄청난 영향을 주게 되었다는 내용입니다.

이처럼 연꽃이 불교를 상징하는 꽃이 된 것은 진흙 속에서 피어나면서 진흙에 물들지 않는 청정함이 불교가 지향하는 참된 수행자의 모습과 닮았기 때문입니다. 진흙밭에서 자라지만 진흙에 물들지 않듯이 연꽃 같은 사람은 세상의 부조리와 함께하면서도 그 부조리에 물들지 않습니다. 또한 더러운 시궁창에서 피어나 그 냄새를 없애고 향기를 주듯 한 사람의 인간애가 사회를 맑힐 수 있습니다.

어느 곳에서나 곧고 곱게 피어나는 연꽃의 자태를 닮아

우리들도 나태와 방종으로부터 스스로를 바로잡아 맑은 마음, 곧은 마음을 가져야 할 것입니다.

모두가 공부 인연

● 　우리는 누구나 인연을 맺고 더불어 살아갑니다. 좋은 사람과 좋은 것을 함께 나누며 살아가는 것이 보통의 우리네 모습입니다. 어느 때 다가왔다가 홀연 떠나기도 하는 것이 인연이지만 늘 누군가와 관계를 맺고 있습니다. 그중에는 배울 점이 많고 뜻이 잘 맞으며 함께하면 마음이 밝아지는 사람이 있습니다. 좋은 본보기가 되어 바른 영향을 주는 사람, 불가에서는 '순행보살'이라고 합니다.

반면에 함께하면 불편하고 마음 씀과 말과 행동이 올곧지 못하여 다른 사람에게 나쁜 영향을 끼치는 이들이 있습니다. 악행을 일삼고 남에게 피해를 주며 가까운 이들조차 좋지 않은 일에 끌어들이곤 합니다. 사람들은 그런 이를 보면 쉽게 손가락질하고 흉을 봅니다. 그러나 그도 또한 보살임을 알아야 합니다. 나쁜 예例를 보여 도리어 무엇이 바른 길인지 알게 해 주는 사람, '역행보살'이라고 합니다. 반면교사反面教師, 타산지석他山之石과 같은 말입니다.

역행보살의 행은 대개 탐욕이 빚어내는 것들입니다. 물질적으로 풍요롭고, 육체적·정신적 쾌락의 충족을 갈구하여 규범을 넘는 죄책감 없이 원하는 삶을 누리는 겁니다. 이는 한 사람에서 그치는 것이 아니라 주변에도 마수를 뻗칩니다. 몸에 좋은 약이 입에 쓰듯 귀감이 되는 행을 내 것으로 만들기는 수고롭습니다. 반면 탐욕은 달고 달아 쉽게 삼키고 맙니다. 어리석은 이들은 탐진치貪瞋癡가 독인 줄 모르고 눈앞의 이익과 만족이 보물인 줄로만 알아 금세 물들어 버립니다.

사회적 문제가 되는 범죄 행위뿐만 아니라 길거리에 쓰레기를 버리는 사람, 폭력을 휘두르는 사람, 이간하고 속이는 말을 하는 사람, 공공질서를 지키지 않는 사람, 음주운

전을 하는 사람 등 일상에서 만나고 부딪치는 불합리한 행위나 상황 모두 역행보살입니다.

이것이 장애라고 인식할 줄 아는 밝은 눈이 필요합니다. 또한 이것이 공부임을 알아차리는 지혜도 필요합니다. 안목과 지혜로 스스로를 점검하고 보살의 길을 수행해야 하는 것입니다. 『법구경』에 나오는 말씀입니다.

> "남의 허물을 보지 말라. 남이 했든 하지 않았
> 든 상관하지 말라. 다만 자기의 허물과 게으름만
> 살펴라. 다른 이의 거친 말도, 이미 했거나 하려
> 는 남의 행위도 보지 말고, 이미 했거나 하려는
> 자신의 행위만 살펴라."

역경을 디딤돌 삼아 귀감이 되는 순행보살로 나아가야 합니다. 그 출발은 바로 '나'를 닦는 공부입니다.

삶의 주인

●   국토의 70퍼센트가 산지인 우리나라는 도심에서도 녹음을 즐기기에 좋은 환경입니다. 풀과 나무가 가진 색채는 초조함을 가라앉혀 마음을 안정시키고 눈의 피로를 덜어 준다고 하지요. 녹색 채소는 실제로 건강에 도움이 되는 성분을 함유하고 있다 하니, 오뉴월의 초록이 주는 청량하고 건강한 기운은 눈으로만 확인되는 일은 아닌 것 같습니다. 어쩌면 이즈음이 한 해의 중반에 들어서면서 심기일전하는 도약의 계절이 아닌가 합니다.

살아가다 보면 많은 경계에 부딪히게 됩니다. 계획했던 일에 기대만큼 성과가 없거나 어그러지거나 무산되는 일도 자주 겪게 됩니다. 혹 그러한 때 뜻대로 되는 일이 없다고 낙담하지 않는지요. 자신의 모습이 그러하다면 그런 마음이 일어나는 순간을 바로 알아차려서 그 뜻이 무엇을 의미하는지 분명하게 짚어 보아야 합니다. 내 생각대로 일을 진행시키는 것을 우선하였는지, 무엇보다 일이 잘되게끔 하는 것을 우선하였는지 말입니다.

세상일은 본디 완전하게 나의 뜻대로 되는 것이 없습니다. 작물을 아무리 정성스레 가꾸어도 해가 뜨지 않고 비가 오지 않으면 옹골차게 여물지 않듯, 각자 추구하는 바가 다른 여러 사람들이 어우러진 세상에서는 서로 간의 뜻이 조화롭게 융화되어야 원하는 결과를 이끌어 낼 수 있는 것입니다.

만약 어떤 일이 답보 상태가 계속될 때 가장 명쾌한 해결책은 "이것은 온전하게 나의 일이며, 나는 이 자리의 주인"이라고 자부하는 자세입니다. '수처작주隨處作主 입처개진立處皆眞'은 불교 밖에서도 자주 회자되는 유명한 말이지만,

이것이 입술 끝에만 머물러 있는 사람이 많습니다. 생각 한 번 바꾸면 그곳이 주인의 자리이건만 중생심으로는 그 자리를 발견하기가 여간 어려운 일이 아닙니다. 단 한 줄의 경구라도 자신의 생각과 실천을 관장할 수 있을 때까지 훈련하지 않으면 배우고 받아 지녔다고 말할 수 없습니다.

뜻한 바를 잘 이루어 가고 있는지 자신의 실천행을 끊임없이 점검하는 것이 그 첫걸음입니다. 일이 잘되어 가는지 염려하기만 하거나 제 주장만을 펼치는 태도는 객의 마음에서 비롯된 자세입니다. 일을 원만하게 회향하는 데에 필요한 자신의 역할이 무엇인지 살피는 것이 주인의 자세입니다.

마음먹은 대로 되지 않아 발목을 붙드는 일이 있다면 과연 온전한 삶의 주인으로서 행으로 옮겼는가를 먼저 돌이켜보고 주인의 자리로 돌아가도록 수행합시다. 스스로 묻고 점검합시다. '나는 주인의 자세로 임하고 있는가?'

고해를 건너

● 　쉴 새 없이 일상을 내달리다 보면 문득 어느 계절의 끝자락에 서 있음을 알게 됩니다. 그러나 계절은 서두르지도 늑장을 부리지도 않고 착실히 제 시절을 보내며 그때라야만 즐길 수 있는 풍물시를 읊어 주고 또 다른 계절로 우리를 데려다 놓습니다. 그러니 숨 가쁜 일상이지만 그럴수록 자연의 속삭임에 귀 기울이는 여유를 가져 보시기 바랍니다. 그 안에서 약동하는 생장의 기운을 순간순간 알아차릴 수 있을 것입니다.

　누구나 저마다 고단한 하루를 살아갑니다. 체력적으로 힘든 일을 하거나, 스트레스가 많이 쌓이는 일을 하거나,

지나치게 경쟁하고 의식하는 조직 속에서 살아갑니다. 많은 사람들이 얼마나 각박한 삶을 살아가는지 하루가 멀다 하고 통탄할 사건이 벌어집니다. 그래서 사바세계는 고통의 바다라고 했습니다. 주어지는 고통과 스스로 만들어 겪는 고통의 크기가 한없이 깊고 넓은 곳이라는 얘깁니다.

부산은 바다의 도시입니다. 바다는 어떤 곳입니까. 바람이 불면 사나운 풍랑이 일어 생명을 삼키기도 하지만 따사로운 날은 잔잔한 호수와도 같습니다. 여름이면 많은 사람들이 휴양을 즐기기 위해 부산을 찾습니다. 그 사람들에게 바다는 탁 트이고 시원한 관광자원이 됩니다. 어떤 사람들은 해양 레포츠를 즐기기도 합니다. 또 많은 부산 시민들이 바다에 기대어 살아갑니다. 그들에게 바다는 생활을 영위하는 일터입니다. 무궁무진한 해양 자원은 생활을 풍요롭게 합니다. 수많은 생명이 그 안에 살고 그 생명이 또 다른 생명을 살리며 순환합니다. 우리도 그 안에서 기름진 양분을 얻어 몸을 만들고 생명을 살립니다.

바다의 모습은 이러합니다. 좋지만도 나쁘지만도 않습니다. 고해에 빠져 있다는 우리들의 삶도 마찬가지입니다. 비록 고통의 바다에 빠져 허우적거리고 있다지만, 그곳에서 건져 올릴 수 있는 것은 고통만이 아닌 것입니다. 그렇다면 그 밖에 무엇을 길어 올리겠습니까? 어떤 것이 이익이 되고 어떤 것이 해가 되는지 알아볼 수 있는 안목은 갖추었습니까? 바른 것과 삿된 것을 구별할 줄 알아야 합니다. 지혜로운 사람은 할 수 있습니다. 지혜의 눈을 뜨면 중생도 할 수 있습니다.

지혜의 눈을 가지려면 삿된 법을 버리는 훈련을 해야 하며, 깊고 넓은 바다에서 보물을 끌어올리려면 그 무게에 지지 않는 힘도 길러야 합니다. 약한 몸에 힘과 근육이 생기게 하려면 부단한 노력으로 운동을 해야 합니다. 지혜의 눈도, 지혜를 길어 올리는 힘을 기르는 일도 가만히 앉아 있는다고 해서 되는 일이 아닙니다. 물러섬 없이 일념으로 수행 정진하라고 거듭 당부하는 이유입니다.

태풍이 지나가야 해수가 뒤섞여 바다 생태계가 더욱 풍요로워집니다. 일상에 삿된 풍랑이 일렁이면 이를 헤치고 평온하고 풍요로운 삶의 바다로 나아갈 수 있는 힘을 기릅시다.

드넓은 바닷물이라도 쉬지 않고 퍼낸다면

언젠가는 그 밑바닥을 보게 될 것이다.

하물며 사람이 지극한 마음으로 구도의 길을 간다면

무슨 구함인들 얻지 못하며

무슨 소원인들 이루지 못하겠는가.

『대아미타경』

삶의 질을 높이려면

● 　사람들은 의식주가 해결되고 나면 자신이 보호받을 울타리를 원하게 되고, 그것이 충족되면 문화적 · 질적으로 향상된 삶을 누리기를 원합니다. 근대 이후 우리 사회는 단기간에 많은 발전을 이루어 생활환경이 안정적이고 편리해졌고, 그에 따라 좀 더 나은 삶, 높은 삶의 질을 추구하게 되었습니다.

그런데 높은 삶의 질을 추구한다는 것이 자칫 누군가의 희생 위에 건설되는 안락을 추구하는 것은 아닌지 경계할 필요가 있습니다. 약육강식의 경쟁을 전제한 사회에서는 삶의 질을 높인다는 명목으로 누군가의 희생이 강요될 수 있기 때문입니다.

그렇다면 삶의 질을 높이기 위한 어떤 길이 있을까요. 부처님께서 제석천왕의 전생을 언급하신 말씀에서 그 길을 찾을 수 있습니다. 제석천왕은 전생에 남을 위해 길을 닦고 휴게소를 만들어 여행객들이 불편 없이 쉬어갈 수 있도록 했으며 일곱 가지 의무를 성실하게 지켰습니다. 일곱 가지 의무란 다음과 같습니다.

첫째, 부모님을 잘 공양해 모시고 뜻을 잘 받든다.
둘째, 나이 많은 어른들을 존경하고 어려움을 해결해 드리기 위해 노력한다.
셋째, 일생을 두고 항상 고운 말씨를 쓰며 욕설이나 비난하는 말을 하지 않는다.
넷째, 남을 험담하거나 증오하지 않는다.
다섯째, 인색하지 않고 베푸는 마음을 가지며 가난한 사람들을 늘 돕는다.
여섯째, 일생 동안 진실을 말한다.
일곱째, 일생 동안 자기의 감정을 절제하여 흥분하지 않는다.

그는 이 일곱 가지 의무를 꾸준히 지켰고 남에게도 이것을 권장했습니다. 이렇게 항상 선업을 쌓아 나가면서 언제나 착한 행동, 올바른 생활 태도를 견지했기 때문에 그는 제석천왕이 될 수 있었습니다.

이 이야기는 우리가 어떤 행동을 해야 하고 어떤 선행을 통해 선업을 닦아야 하는지를 잘 말해 주고 있습니다. 일곱 가지 의무 가운데서 가장 많이 언급된 것이 말과 관련된 것입니다. 언어는 소통하기 위한 필수적인 수단이지만 때로 타인에게 상처를 남기는 무기가 되기도 합니다. 고운 말, 진실한 말을 하는 습관을 들여야 합니다. 감정을 절제하고 흥분하지 말라는 것은 자신은 물론 다른 사람도 폭력으로부터 보호하라는 말입니다. 감정을 절제하지 못할 때 폭언과 폭력, 싸움이 난무하게 됩니다. 감정이 격해지면 "나는 불자다. 부처님은 외신의 감정을 잘 다스리라고 말씀하셨다."라고 읊조려 보십시오. 싸움도 미움도 모두 사라진 평화가 마음에 깃들 것입니다.

  또 항상 베푸는 마음으로 남을 도우라고 했습니다. 이는 선업을 쌓는 제일의 덕목입니다. 특히 요즘처럼 갈등과 반목이 심화하고 이기심이 충돌하는 사회에서 가장 우선해야 할 것은 먼저 베푸는 일입니다. 자신의 이익에서 눈을 돌려야 합니다. 이것이 스스로 삶의 질을 높이는 길입니다.

오늘의 내가, 내일의 나

● 문득 지난날 자신의 행적을 돌이켜 보면 예전에는 많이 어리고 생각이 짧았고 부족했다는 생각에 얼굴이 화끈거릴 때가 있을 것입니다. 지금의 나라면 그렇게 하지 않았을 텐데, 지금의 나라면 더 좋은 방법을 알고 있는데 하고 말입니다. 그런데 1년이 지나고 5년이 지난다고 해서 더는 그런 감정이 들지 않을까요? 그건 아닐 것입니다.

돌이켜 봤을 때 부족한 과거가 보이는 것은 어쩌면 당연한 일입니다. 우리는 맨몸으로 세상에 태어났습니다. 말을 할 줄 모르니, 배고프고 졸리고 몸이 안 좋아도 그저 우는 것밖에 할 줄 몰랐습니다. 지금은 어떻습니까? 직접적인 의사표현은 물론이고 빗대어 말하기도 하고, 심지어는 비꼬아 말할 줄도 압니다. 걷기는커녕 기어 다니지도 못하던 시절을 지나 지금은 뛰어 다니고, 또 하늘을 날고 바다를 건너는 탈 것까지 이용하고 있습니다.

이런 점에 더 주목해야 합니다. 인간은 죽을 때까지도 성장하는 존재입니다. 몸을 바꿀 때도 윤회를 끊고 불보살이 되기를 희망하고 극락에 나기를 희망하지 않습니까. 끊임없이 배우고 계속해서 성장하여 더 나은 내가 되기를, 더 법다운 삶을 살아가기를 희망하여 자기를 닦는 것이 이상적인 삶인 것입니다.

진정 부끄러운 것은 부족함을 알고도 변하려고 노력하지 않는 것이며, 잘못된 것을 알고도 참회하지 않는 태도입니다. 자신을 계속해서 정법의 길로 이끌기 위해 노력하지 않고 과거의 잘못에 얽매여 있으면 삶이 빈곤해집니다. 옛일을 뒤적이다 어리숙한 자신을 발견했다면 그때의 부족함이 공부의 발판이 되었음에 감사하고 오늘의 내 모습을 점검해야 합니다. 불보살과 선지식들은 수많은 법문을 통해 끊임없이 "현재에 충실하라."고 일렀습니다.

> 지나간 일을 생각하지 말고
> 항상 지금 여기에서 자기의 일을 생각하라.
> 『육조단경』

> 바로 지금, 여기일 뿐 다른 더 좋은 시절은 없다.
> 『임제록』

'바로 지금, 여기'의 삶에 충실한 일상은 과거의 번뇌를 달아나게 할 것이며 반드시 정각正覺의 내일로 우리를 데려다 놓을 것입니다.

과거를 좇지 말고 아직 오지 않은 미래를 염려하지 말라.

과거는 이미 지나갔고 미래는 아직 오지 않은 것,

오로지 현재 일어난 것들을 관찰하라.

어떤 것에도 흔들리지 말고 그것을 추구하고 실천하라.

『중아함경』

정진

● 　원오극근閩悟克勤 선사는 중국 송나라 시대 임제 선사의 맥을 이은 법연 선사의 문하 제자입니다. 지금까지도 모든 선승들이나 참선을 공부하는 사람들의 필독서인 『벽암록』을 지은 대선사입니다. 원오극근 선사가 후학들에게 이르기를 "생야전기현生也全機現하고 사야전기현死也全機現하라."고 하였습니다. 살 때는 삶에 철저하여 그 전부를 살아야 하고, 죽을 때는 죽음에 철저하여 그 전부를 죽어야 한다는 말입니다.

　삶에 철저할 때는 털끝만치도 죽음 같은 걸 생각할 필요가 없습니다. 또한 죽음에 이르러서는 조금도 생에 미련을 두어서는 안 됩니다. 살 때에도 제대로 살지 못하고 죽음에 이르러서도 죽지 못하는 것은 사람이 아니라 그 그림자일 뿐입니다. 사는 것도 나 자신의 일이고 죽음도 나 자신의 일이라면 살아 있는 동안은 진력을 기울여 살아야 하고 죽을 때는 미련 없이 신속하게 물러나야 합니다.

　게으름을 멀리하고 부지런히 삶에 충실한 것, 그것을 불교에서는 정진精進이라고 합니다. 불교 수행에서 정진은 매우 중요한 실천 덕목입니다. 부처님의 초기 가르침인 팔정도八正道에서도 바른 정진을 말씀하셨고 대승보살의 수행 방편인 육바라밀에서도 정진바라밀을 실천과제로 삼아 정진을 통하여 이상향의 세계, 즉 불국정토로 건너갈 것을 권하고 있습니다. 또한 역대 조사 스님들께서도 정진의 중요성을 강조하여 "마치 낙숫물이 반석을 뚫듯 하라."고 하셨으며 "낙타가 바늘구멍을 통과하듯 간절하라."고 교훈을 내리셨습니다.

　한국불교 역사상 위대한 스승이셨던 신라 시대 원효 스

님께서는 『발심수행장』에 다음과 같이 전합니다.

끽감애양喫甘愛養하야도   차신此身은 정괴定壞요
착유수호着柔守護하야도   명필유종命必有終이라
조향암혈助響巖穴로   위염불당爲念佛堂하고
애명압조哀鳴鴨鳥로   위환심우爲歡心友니라

"좋은 음식을 먹여 내 몸 가꾸어도
이 몸은 반드시 무너질 것이며
좋은 옷으로 아무리 감싸도
이 목숨은 반드시 끝이 있다.
메아리 소리 울리는 동굴 같은 집을
염불당 삼고
슬피 우는 오리 소리를
기쁜 벗 삼아 정진하라."

참다운 수행자의 자세이면서 우리의 바른 삶에 대한 가

르침이라 생각됩니다. 이 몸뚱이는 아무리 잘 먹여 주고 아무리 좋은 옷을 입혀 줘도 결국은 늙고 병들어 죽을 수밖에 없습니다. 엄청난 권력을 가졌던 사람도 세계 최고의 재벌이라 불렸던 사람도 다 늙고 병들어 죽었습니다. 혹자는 돈만 있으면 모든 것을 다 갖고 잘 살 거라 믿지만, 그것은 황금만능주의가 만들어 낸 허상에 불과합니다.

늙고 병들고 그래서 죽는 고통은 누구도 피할 수 없습니다. 그리고 죽을 때는 맨손으로 홀로 가야 합니다. 그러니 원효대사께서 수행자에게 경계한 저 가르침은 우리에게도 소중합니다. 현재 내가 있는 곳이 고대광실高大廣室이든 몇 식구 겨우 몸 눕힐 수 있는 좁은 집 전세방이든 자신을 다스리며 평정심을 잃지 않고 살아가는 것이 바른 삶입니다.

법대로 살다

● 　율장에 이런 대목이 등장합니다.

　부처님께서 왕사성에 계실 때 다니야라는 비구가 있었습니다. 그는 도반 스님들과 함께 이시기리산 기슭에 잡초를 모아 초가집을 짓고 그곳에서 안거를 보냈습니다. 안거가 끝난 후 다른 스님들은 머물던 토굴을 허물고 만행을 떠났습니다. 그러나 다니야는 떠나지 않고 계속 토굴에 기거하고 있었습니다. 어느 날 잠시 걸식을 간 사이 어떤 이가 빈 집인 줄 알고 다니야의 집을 허물고 말았습니다. 그래서 그는 다시 진흙을 이겨 흙집을 만들었는데, 흙집을 짓기 위해 재료를 굽다가 미생물을 죽게 하였다 하여 부처님께서 비구들을 시켜 그 집을 다시 허물어 버립니다.

다니야는 다시 나무로 집을 짓기로 하였으나, 나무가 부족했습니다. 그래서 나라에서 성을 수리할 목적으로 목재를 보관한 곳으로 가서 "왕에게 허락받았다."며 목재를 얻어 집을 지었습니다. 이 사실을 알게 된 왕은 다니야에게 "나라의 물건을 마음대로 가져다 쓴 비구의 죄상은 사형에 해당한다."며 분노했지만 사문을 죽일 수 없다며 다니야를 방면했습니다.

이후 부처님이 그 소식을 듣고 곧바로 승가를 소집하고 일렀습니다. 그러고는 "어떠한 비구라도 주어지지 않은 물건을 훔치려는 마음을 품고 주어지지 않은 물건을 훔친 비구는 바라이죄로서 더 이상 승가와 함께 살 수 없다."고 율로 제정하셨습니다. 이것이 사바라이죄의 도계盜戒에 해당합니다.

부처님 당시의 율장은 엄격하기도 했지만 세속에서 금기시되는 것들 중 대부분은 율장에서도 금하고 있음을 알 수 있습니다. 살생, 도둑질, 음행, 깨달음을 얻었다고 거짓말하는 것을 사바라이죄라 하여 엄격히 금하고 있는데, 이는 살인이나 강도, 성범죄 내지 불륜, 사기죄 등 오늘날 사회법과도 맞아떨어집니다. 계율은 엄격하지만 내용 자체가 어렵거나 복잡하지 않습니다. 누구나 기본적인 도덕 윤리만 알고 있다면 지킬 수 있는 것입니다.

불교의 율장을 몰라도, 대한민국의 법을 몰라도, 그 기본적인 이치는 배우지 않아도 익히 알고 있는 내용들입니다. 하지만 지키지 않으니 문제가 되는 겁니다. 여러분이 알고 있는 것 중 세 가지만 제대로 지켜도 세상이 달라집니다. 부처님의 팔만사천 법문 중 단 세 가지 항목만 정해서 지키면 된다는 뜻입니다. 예를 들어 구업을 짓지 말라 했으면, 다 지킬 수는 없어도 남을 이간질하는 말만 안 해도 다툼이 일어날 일이 없습니다. 또한 쓰레기를 불법 투기하지 말라는 사회법이 있으면 그것만 따라도 도로가 더러울 일이 없습니다. 하지만 모두 양심을 저버린 행동을 하기 때문에 다툼이 생기고 환경이 망가지는 것입니다.

불자라면 세속법이든 불법이든 올바르게 지키고 따를 줄 알아야 합니다. 세속법을 어기는 이가 불법을 지킬 수 없고, 반대의 경우도 마찬가지입니다. 부처님께서 율을 정하신 까닭은 승단을 유지하여 올바르게 법을 전하기 위함입니다. 세속법도 마찬가지입니다. 건강한 사회가 있어야 올바른 문명이 후대에 전해질 수 있습니다. 지금부터라도 내가 알고 있는 법 단 세 가지만이라도 찾아서 실천하는 불자가 되기를 바랍니다.

인과와 운명

● 하루 종일 절에만 있어도 많은 사람들을 만납니다. 밤과 낮을 가리지 않고 기도하러 오는 불자들, 사중 일을 돌보는 직원과 봉사자들, 산책길에 잠깐 들러 쉬어 가는 사람들. 헤아릴 수 없는 사람들과 인사를 나누고 법담을 주고받습니다. 세상 많은 사람들 가운데, 사찰 중에서도 우리 절을 찾아와 준 분들께 늘 감사한 마음입니다. 이러한 인연을 만나기 위해 저는 출가를 하고 귀감이 되는 승가가 되기 위해 수행해 왔습니다. 어느덧 소임이 주어져 각지의 천태 불자들을 만나 함께 공부할 수 있게 되었습니다. 발심하고 서원하여 정진한 끝에 만난 인연들입니다.

세간에는 운명론을 말하는 사람들이 많습니다. '결국 만날 운명', '이렇게 될 운명'이라는 말도 흔히 합니다. 아무리 다른 세상을 살아와도 결국 만나게 되어 있고, 어떤 노력을 하여도 이미 정해진 결과는 바뀌지 않는다는 심정을 드러낼 때 이렇게 말합니다. 일의 결과나 삶의 방향이 정해져 있다는 겁니다. 아무리 노력해도 결과가 정해져 있다면 애써 일을 성취할 의욕이 생기겠습니까? 실패한 일 앞에서 결국 이렇게 될 일이었다고 말하는 것은 자기변명이 아니고 무엇이겠습니까.

운명론이 아니라 인연법, 인과법을 따라야 합니다. 모든 일의 결과는 내가 만든 과정의 산물입니다. 노력의 산물이고 나태의 산물입니다. 잘된 일 앞에서는 스스로 칭찬할 줄 알고 잘못된 일 앞에서는 운명을 탓할 것이 아니라 어떤 원인을 지어서 눈앞의 결과가 나타났는지 진단할 줄 알아야 합니다. 그래야 다시 일어설 묘약을 처방할 수 있는 것입니다. 이렇게 인과를 살피고 따르는 삶이라야 방편과 희망이 생깁니다.

 역사적으로 나라에 위기가 닥치면 민초들이 일어나 외침을 막고 자주를 지켰고 안으로는 개혁을 일구었습니다. 불의에 항거하여 체계를 바꾸고, 목소리를 높여 오랜 고정관념을 타파하기도 했습니다. 이는 변화를 이끌어 내는 힘은 자신에게 있다는 믿음이 의식 저변에 있다는 방증입니다. 주어진 상황을 정해진 결과라고 받아들일 때는 불가능한 일입니다. 크게는 나라의 일이지만 근본은 개인의 일인 것입니다. '내'가 먼저 극복할 수 있고 결과를 바꿀 수 있다고 생각하고 판단하여 행동했기 때문에 그 하나하나가 모여 전체도 움직일 수 있게 된 것입니다. 그 어디에 정해진 운명의 자리가 있습니까.

 운명론자들은 삶의 방향은 정해져 있어서 바꿀 수 없다고 합니다. 불교는 나를 바꾸는 공부입니다. 삶의 모습을 스스로 정할 수 있는 겁니다. 이쪽도 저쪽도 다 맞는 말이라면 어떤 삶을 택하겠습니까? 모든 일은 믿는 대로 되는 것이 아니라 행하는 대로 이루어지는 것입니다. 스스로 설계하고 주춧돌을 쌓고 기둥을 올려 내 집을 지어 가는 삶이 더 풍요롭지 않을까요.

　제행무상諸行無常이라고 했습니다. 세상에 변하지 않는 것은 아무것도 없다는 뜻입니다. 모든 것은 변하고 흘러가므로 덧없어 무상하다고 말합니다. 무상하므로 탐착할 것이 없다는 뜻이지 허무를 말하는 것이 아닙니다. 세상 모든 것이 변한다면 또한 모든 것을 바꿀 수도 있습니다. 오직 변하지 않는 것이 있다면 그렇게 바뀌어 간 우리는 궁극에 부처가 될 종자라는 사실 하나뿐입니다.

두 번째 화살

● 　사람은 누구나 실수를 하고 원하지 않는 일을 할 수도 있습니다. 하지만 옳지 않거나 잘못한 일을 반성하고 되풀이하지 않는다면 오히려 삶의 자양분이 되어 더욱 굳건하게 설 수 있을 것입니다. 『아함경』에 화살에 대한 비유가 나옵니다.

"두 번째 화살을 맞지 마라.

살면서 누구도 첫 번째 화살을 피할 수 없다.

그러나 스스로 만들어 쏘는

두 번째, 세 번째 화살은 피할 수가 있다.

고통은 첫 번째 화살만으로도 충분하다."

화살을 맞았을 때는 육체적으로 큰 고통이 따르지만 잘못을 저지르게 되면 금전적으로 손해를 보거나 마음을 다치기 쉽습니다. 육체적인 고통은 상처가 아물면 사라지지만 마음을 다치면 치유하기 매우 힘이 들기 때문에 가장 좋은 것은 상처를 받지 않는 것입니다. 하지만 사바세계에서 살아가는 중생으로서 상처받지 않고 살아가기란 쉬운 일이 아닙니다. 그래서 종교가 필요하고 방편이 필요합니다.

　마음공부를 하고 수행을 하면 두 번째 화살을 피할 수 있는 힘이 생깁니다. 수행이라는 것이 어느 날 갑자기 완성되는 것이 아니기 때문에 꾸준히 기도하고 정진하다 보면 자신도 모르게 상처를 많이 받지 않는 지혜가 생기고, 상처를 입더라도 오래 아프지 않고 빠르게 치유됩니다.
　만약 상처를 입었다 하더라도 여기에 집착하지 않으면 빨리 아뭅니다. 자신이 잘못한 것은 아주 사소한 일인데도 불구하고 계속 생각하고 후회하고 스스로를 괴롭히는 것은 어리석은 일입니다. 상처를 입은 것이 자신이듯 상처를 치료할 수 있는 힘도 외부의 조건이 아니라 자신에게 있기 때문에 스스로 맞서 이겨내기 위해 노력해야 합니다. 지난 날의 실수에 미련을 두고서 머뭇거리지 말고, 서둘러 생각을 전환하여 두 번째 화살을 맞지 않기 위해 해야 할 일을 실천에 옮기십시오.

말의 화살

● "무릇 사람이 말을 하고 일을 실행하는 것은 자기 자신을 살피는 데 달려 있을 뿐이요, 세상 사람들의 들뜬 여론을 염려할 필요는 없다. 천하에는 일정한 이치가 있지 일정한 일은 없는 법이다. 만약 남을 의식하고 자신을 살피지 않는다면 끝내 주재主宰함이 없는 사람이 되고 말 터이니, 선비로서 조정朝廷에 서는 자는 더욱 깊이 경계하여야 마땅하다."

조선 제22대 왕 정조가 남긴 말입니다. 일국의 임금이란 세상의 권력이 집중되고 아첨이 모이고 견제가 조여 오는 자리입니다. 옳은 일을 해도 좋은 결과만 따를 수가 없고 그른 것을 알면서 결정해야 하는 일도 있습니다. 그러니 백 마디 평가를 듣는다면 좋은 말, 나쁜 말, 찬양, 비방, 뜬소 문이 다 버무려져 있을 테니 한마디 한마디에 일희일비하 지 않는 지혜를 갖추어야 했을 것입니다. '세상의 들뜬 여 론' 속에서 휘둘리지 않을 것, 일의 주체는 자신이므로 스 스로 중심을 잡을 것, 부처님의 가르침과 크게 다르지 않습 니다. 만고의 진리란 이렇듯 시대도 초월하고 종교도 초월 하여 삶의 태도를 관장하는 것입니다.

우리는 매일 말[言]의 전쟁을 치르며 살아가고 있다 해도 과언이 아닙니다. 문제의 발단도 말로부터 시작하고 문제 의 심화와 종결도 말로써 이루어집니다. 화살처럼 쏟아지 는 말들이 모두 아름다울 수만은 없지만 촉이 너무 날카로 운 말들이 많은 것은 문제입니다. 근거를 알 수 없고 출처 도 알 수 없고 신용하기 어려운 말조차 사실인 양 가면을 쓰고 돌아다니며 상처를 남깁니다. 누군가 자신에 대해서 근거 없는 비난과 험담을 하는 사실을 알면 분심憤心이 일어나기 마련입니다. 억울하고 괴롭습니다. 이럴 때 어떻게 대응하는 것이 좋을까요.

　이런 일이 일어났을 때 이것이 역경계임을 알고 인욕바라밀을 닦을 좋은 기회라고 여겨야 합니다. 『보왕삼매론』에서는 "세상살이에 곤란함이 없기를 바라지 말라. 세상살이에 곤란함이 없으면 업신여기는 마음과 사치한 마음이 생기나니, 그래서 성인이 말씀하시되 '근심과 곤란으로써 세상을 살아가라.' 하셨느니라."고 말합니다. 살아가며 맞닥뜨리는 장애와 경계는 탐욕의 불을 끄기 위한 역경계인 것입니다. '비방과 험담 듣지 않기를 바라지 말라.'고 이해해도 좋겠습니다.

　사람들은 모두 서로 다른 가치관과 생각을 가졌으므로 뜻이 맞지 않거나 일이 틀어지거나 무언가 마음에 들지 않을 때 얼마든지 나를 비방할 수 있다는 사실을 받아들여야 합니다. 다만 근거 없는 비방과 험담을 가져와 내 것으로 만들지 말아야 합니다.

부처님 재세 시 한 외도가 부처님을 찾아와 비난과 험담을 늘어놓았습니다. 부처님이 그에게 물었습니다.

"바라문이여, 그대에게 질문을 하겠다. 만약 어떤 사람이 그대에게 선물을 했는데 그것을 받지 않고 도로 돌려준다면 그것은 누구의 것이 되겠는가?"

외도가 대답했습니다.

"그야 가져온 사람의 것이 되겠지요."

이에 부처님께서 조용히 미소 지으며 말씀하셨습니다.

"바로 그와 같다. 그대가 아무리 나를 비방하고 욕을 한다 하더라도 나는 그대를 미워하지 않는다. 그대가 나에게 온갖 못할 이야기로 비방하고 욕한 것도 그대의 것이 아니겠느냐? 결코 나는 받은 것이 없다."

역경계에 대한 부처님의 인욕은 이와 같습니다. 중생들도 어느 정도 욕됨을 참지만 분노, 미움, 억울함, 자기 비하 등의 흔적이 남습니다. 부처님은 비난과 험담을 들어도 마음에 어떤 흔적도 남지 않습니다. 역경계로 인해 일어나는

괴로움을 방지하는 경지의 인욕이 불자들이 수행해 나갈
인욕바라밀의 길입니다.

입은 재앙의 문이니
반드시 더욱 엄하게 단속하고,
몸은 재앙의 근본이니
응당 가벼이 움직이지 말지니라.

『자경문』

남을 위한 기도

● 백중은 우란분절이라고 해서 불가의 5대 명절 가운데 하나입니다. 우란분절은 부처님 십대제자의 한 분이자 신통제일로 알려진 목련존자가 그 어머니를 아귀도에서 구해 내기 위해 부처님의 가르침을 받아 안거 자자일에 여러 가지 음식과 과일과 초와 등 같은 공양구를 갖추어 여러 스님들을 모시고 우란분재를 베푼 것에서 유래한 날입니다.

'목련구모目連求母'라는 아름다운 이름으로 전해지는 이 날을 맞아 지옥과 아귀보를 받는 중생은 물론 현세의 부모와 과거 칠세의 부모를 천도하는 재를 올리는 것입니다.

돌아가신 영가를 위해 기도하는 이유는 무엇일까요. 우

리가 기도를 올리는 영가는 대부분 나와 깊은 인연이 있는 분들입니다. 부모, 형제 또는 조상이나 자식입니다. 때로는 일가친척이거나 친한 친구, 남편이거나 아내, 곧 우리가 마음속 깊이 사랑한 사람들입니다. 평생 은혜를 입었거나 고통을 대신 받아 주었거나 어려울 때 힘이 되었던 사람들이 이제 이 세상에 없다는 큰 슬픔을 주고 있는 분들이기도 합니다. 이런 분들이 돌아가시면 더 좋은 곳에서 평안을 누리기를 바라는 것은 인지상정입니다. 이런 인연 영가 가운데 악업으로 좋은 곳에 가지 못하고 지옥의 고통을 받거나 악도에 떨어져 있다면 우리는 너무도 아픈 마음을 경험할 수밖에 없습니다. 『지장경』에 이런 말씀이 있습니다.

"꿈이나 잠결에 귀신들의 여러 형상이 나타나거나 혹은 슬퍼하고, 혹은 울며, 혹은 근심하고, 혹은 탄식하고, 혹은 두려워 떠는 것을 보게 되면, 이는 모두 다 한 생이나 열 생이나 백 생, 천 생의 과거세 부모, 형제자매, 부부, 권속들이 악도에서 벗어

나지 못하여 복력으로 구해 줄 곳이 아무 데도 없
으므로 할 수 없이 숙세의 혈육에게 호소하여 벗
어나기를 원하는 것이니라."

가끔 꿈에 조상이나 돌아가신 분들이 보이거나 알지 못
하는 영가가 나타나는 경우가 있습니다. 이것이 『지장경』
에서 말씀하는 금생의 혈육이거나 오랜 전생의 혈육이 우
리에게 악도에서 구해 줄 것을 요청하는 것입니다.

이와 같은 기도를 행해야 하는 또 다른 이유가 있습니다.
돌아가신 인연 영가들의 천도를 위해 기도한다면, 그 공덕
이 누구에게 가겠습니까. 모두 영가들에게 갈까요? 아닙니
다. 『장수멸죄경』에 이르기를 "만약 어떤 중생이 칠 일이나
혹은 사십구 일을 두고 죽은 이를 위하여 모든 복을 지으면
그 공덕의 칠분 가운데서 죽은 이가 얻는 것은 그중 일분밖
에 되지 않는다."고 하고 있습니다. 『지장경』「이익존망품」
에서도 어떤 사람이 세상을 떠난 후 가족이나 후손들이 재

를 지극정성으로 지내면 그 공덕의 칠분의 일은 영가에게 돌아가고 나머지 칠분의 육은 재를 지낸 산 사람들의 몫이 된다고 하였습니다.

영가를 위한 기도인데 왜 그 공덕이 산 사람에게 더 많이 가게 될까요. 그것은 천도 기도를 올리는 재자가 독경이나 염불을 하는 것이 수행과 직결되기 때문입니다. 기도하는 가운데 자신의 마음이 정화되고 집착과 번뇌를 다스리게 되니 악업이 닦아져 한량없는 공덕이 돌아옵니다. 지극한 기도를 올리면서 악도에 떨어진 인연 영가가 천도되었다는 마음의 확신을 갖게 되면 영가가 천도되는 것은 물론 내 마음의 짐도 벗게 됩니다. 가장 훌륭한 기도는 남을 위해 하는 기도입니다.

존엄한 죽음을 위한 선택

● 　어떻게 살 것인가 못지않게 어떻게 죽을 것인가도 매우 중요합니다. 잘 살면 당연히 편안한 죽음을 맞을 수 있을 거라는 막연한 기대감을 가지지만 그래도 죽음은 만나고 싶지 않고 생각하고 싶지 않은 것이 사실입니다. 언젠가는 이생의 몸을 벗고 윤회의 수레바퀴에 몸을 맡겨야 하지만 우리가 막연하게 생각하는 죽음은 두려움과 공포로 다가옵니다. 그것은 아마도 경험해 보지 못한 세계이기 때문에 더욱 더 그럴 것입니다.

　하지만 어차피 맞이해야 할 죽음이라면 괴로운 죽음에서 편안하고 존엄한 죽음으로 바꿀 수 있는 방법을 생각해야 할 것입니다. 행복한 죽음이란 어떤 것이고 죽음의 순간에 과연 행복할 수 있을까요? 쉽게 대답할 수 없는 물음입니다.

부처님 당시 외아들을 잃고 괴로워한 한 어머니에게 아들을 살리고 싶으면 마을로 내려가서 가족 중 그 누구도 죽지 않은 집에 가서 겨자씨를 구해 오라 합니다. 외아들을 잃은 어머니는 온 마을을 돌아다녀 겨자씨를 얻으려 하였으나, 죽은 이가 없는 집을 찾기란 불가능하였습니다. 이 이야기에서처럼 죽음은 인간이 태어나는 동시에 벗어날 수 없는 숙명입니다. 이러한 사실을 먼저 깨달아야 합니다.

평화로운 죽음을 위해서는 삶이 아름다워야 합니다. 한 평생을 살면서 당장 내일 죽더라도 후회하지 않을 삶을 사는 것이야말로 존엄하고 평화로운 죽음을 맞이할 수 있는 방법입니다. 죽음의 모습은 여러 가지이고 다행히도 우리는 자신의 의지로 선택할 수 있습니다. 죽음의 모습은 우리가 어떻게 살아왔는가를 알려 주는 거울이며, 지금 이 순간에 어떤 생각과 어떤 행동을 하는가에 따라 마지막 모습이 달라집니다.

불교에는 윤회사상이 있습니다. 불자는 현생으로 모든 것이 끝나는 것이 아니라 죽음 이후에도 삶은 어떤 형태로든 이어진다는 것을 믿어야 합니다. 죽음을 새로운 시각에서 보면 삶의 또 다른 모습이며, 지금의 삶은 그 이전의 삶에서 유래한 것이라는 것을 자연스럽게 이해할 수 있고, 현재의 삶 또한 다른 삶을 위한 과정이라고 생각하면 죽음을 별다르게 생각할 것도 아닙니다.

부처님께서 일찍이 우리에게 가르치신 생로병사의 이해를 통해 마음을 맑히는 기도와 명상으로 꾸준히 수행을 하고 오늘이 마지막이라는 생각으로 하루하루 최선을 다하여 베푸는 삶을 산다면 여여하고 존엄한 죽음을 맞이할 수 있을 것입니다.

——

과거에 있었던 번뇌로운 일들에 집착하지 말라.
미래에 일어날 일에 대해서도 염려하지 말라.
현재에도 그대가 어떤 것에 집착하지 않는다면
그대는 평온을 찾은 사람이다.

『숫타니파타』

가을
거두어

"쓴 것을 멀리하고 단 것을 좋아하면
단 일이 다한 뒤에 쓴 일이 옵니다."

마음 추수

● 들녘이 황금빛으로 물드는 계절입니다. 지난여름 태양의 열기를 온몸으로 받아 낸 생명들이 저마다의 결실을 맺으며 소임을 마무리 짓고 있습니다. 일 년 사계절 중 가장 평온한 때를 꼽자면 바로 이때가 아닌가 합니다. 여름에는 더위에 지치고 겨울에는 추위에 몸을 웅크리니 말입니다. 하지만 가을만큼은 "늘 가을만 같아라."는 말이 절로 나오니, 사람에게 가장 좋은 때가 아닌가 싶습니다. 날씨 때문에 마음이 번잡할 일이 없으니 책장도 술술 넘어가고 식욕도 당기는 계절입니다.

이즈음 농가에는 손길이 분주합니다. 봄에 심은 모에 어느새 이삭이 패어 잘 여물었으니 이제 거두어들일 때가 된 것이지요. 사실 농사를 짓는 사람에게 논농사만큼 손이 많이 가고 힘든 일도 없습니다. 벼 이삭 한 줄기에 수백 알의 낟알이 달린다고 하지만 겨울을 제외한 봄, 여름, 가을 동안의 노고를 생각한다면 공들인 만큼 제 몫을 다한 것입니다. 계절이 바뀔 때마다, 농부의 손길이 더해질 때마다 나락이 제 살을 불리며 그만큼 자라 준 것이니 농부 입장에서는 잘 자라 준 것에 대한 고마움이 클 수밖에 없습니다.

가을을 맞아 오곡은 무르익었는데, 그 들녘을 바라보며 나를 돌아보지 않을 수 없습니다. 혹시 여러분은 가을을 맞아 거두어들일 양식이 충분하신지요. 양식이 충분하단 말은 지난 계절 내내 마음을 두고 가꾼 대상이 있다는 말이고, 충분하지 않다는 말은 거두어들일 것들을 돌보지 못했다는 것입니다. 우리나라는 사계절이 뚜렷하기 때문에 겨울을 나기 위해서는 가을에 충분히 대비를 해야 합니다. 그렇기 때문에 조상들은 가을에 추수를 해서 그 양식으로 겨울을 버티고, 다시 다음 겨울을 준비하면서 끊임없이 노동과 노력을 기울여야 했습니다.

가을에 거둔 양식이 충분하지 않으면 겨울을 날 수 없듯이 지금 여러분의 마음이 공허하다면 고통을 이겨 낼 수 없습니다. 여러분 마음의 곳간은 얼마나 채워졌습니까. 지난 시간 동안 자신의 마음을 보살피는 데 게으르지는 않았는지 스스로 돌이켜 생각해 보십시오. 손가락만 한 작은 모가 자라서 가을에 수백 알의 알곡으로 여물기까지 농부의 발걸음 소리가 끊이지 않았듯 자신의 마음도 그만큼 챙겨 왔는지 말입니다.

나의 양식이 얼마나 모였는지 점검해 볼 때입니다. 행여 곳간이 텅텅 비어 있다 할지라도 너무 부끄러워하지는 마십시오. 지금이라도 이듬해 심을 튼실한 씨앗을 구하기 위해 경전과 부처님 말씀에 귀를 기울인다면, 늦지 않은 때에 좋은 소식을 만날 수 있을 것입니다.

열매는 사계절 동안 익어 간다

● 　아침저녁으로 쌀쌀해진 날씨와 청명한 하늘, 옷을 갈아입고 있는 백양산을 비롯해 모든 풍경이 가을임을 드러내고 있습니다. 가을은 수확의 계절, 모든 열매와 곡식이 무르익는 시기라 하였습니다. 요즘에야 계절에 상관없이 사시사철 풍족하게 먹고 살 수 있지만, 계절에 인연을 맡기고 살아갈 때에는 가을이야말로 더할 나위 없이 행복한 때였을 겁니다.

　하지만 우리가 흔히 하는 착각 중 하나가 '가을에 열매를 맺는다.'는 생각입니다. 사실 세상의 모든 만물은 하루, 1년, 10년 동안 매일 매초 익어 가고 있습니다. 때가 되었기에 열매를 맺는 것이 아니라, 아침 이슬의 물기를 머금고

한낮의 열기를 받아들이고 밤중의 어둠을 견뎌 내며 계속해서 익어 가는 것입니다. 그러니 순간이 열매이고, 순간이 결실입니다. 열매가 익기를 기다리는 것은 어리석은 사람입니다. 지금 이 순간이 가장 귀한 결실인데, 구태여 오지 않은 미래에 집착하여 지금 풋내 나는 삶을 살고 있다 자책할 필요가 전혀 없다는 말입니다.

자연의 이치가 그러합니다. 사람의 입장에서 사과나무를 보면, 맛있는 사과가 열리는 나무입니다. 그러나 나비의 입장에서 본다면 나무가 열매를 맺지 않고 계속해서 꿀을 딸 수 있게 꽃으로만 남아 있어 주길 바랄 것입니다. 또 땅의 입장에서는 어서 열매가 떨어져 썩어 좋은 양분이 되어 주길 바랍니다. 나비의 입장에서는 봄이 결실의 계절이요, 땅의 입장에선 겨울이 결실의 계절인 셈입니다.

우리가 시간을 숫자로 정해 두고 살기에 몇 세가 되면 가정을 꾸리고, 자식을 낳고, 또 몇 세쯤 되면 노인이 되고, 평균 수명이 팔십 몇 세이니 그쯤 되면 죽겠구나 하고 살아갑니다. 그런데 이 숫자에 딱 맞춰 살아가는 사람이 있습니까? 없습니다. 흔히 20대라고 하면 청춘의 멋진 열정을 떠올리지만 요즘 20대들은 열정을 불태우고 청춘을 즐기기는커녕 구직난에 힘겨워하고, 광장의 문화도 사라져 가고 있습니다. 그들의 문화와 시대가 바뀌고 있는 것입니다. 반면에 80세가 넘어서도 당신이 하고 싶은 일을 찾아 열정적으로 사는 분들이 많습니다.

불교적 관점에서 보면 늙음과 젊음이 따로 있지 않습니다. 모든 것이 변하는데 무엇을 기준으로 늙고 젊음을 정할 수 있겠습니까? 아주 자연스럽게 부처님의 이치에 부합하는 것입니다.

10년 전 나는, 10년 후의 나에 대해 적지 않은 기대를 하며 살아왔습니다. 지금의 내 모습은 10년 전, 더 멀리는 과거 생부터 길러 온 내 모습입니다. 그런데 정작 오지 않은 미래를 걱정하며 10년 후의 내 모습을 기대하고 있습니다. 지금에 충실하지 않으면, 지금 이 순간에 여실히 익어 있는 내 모습을 죽기 직전까지도 보지 못합니다.

　열매가 덜 익으면 풋내가 나고 과하게 익으면 썩은 냄새가 납니다. 그러나 우리 삶의 열매는 매 순간 아주 달콤한 결실을 맺고 있으니, 가을을 기다릴 필요도 겨울을 피할 이유도 없이 지금에 충실하면 될 일입니다.

참회와 예참 수행

●   좋은 그림을 보고 나면 항상 여운이 남습니다. 영화 속 멋진 장면이라든지, 가슴을 울리는 무언가를 접하고 나면 쉽사리 감정이 끊어지지 않습니다. 삶에서 특별한 만남의 잔상은 아름다운 궤적을 남기기도 하지만, 때로는 지워지지 않는 상처로 남기도 합니다.

지금 살아 있는 모든 생명은, 그 시작에 태어남이 있었고 끝에는 죽음이 있습니다. 살아 있다는 것 자체로 태어남을 증명하는 것이요, 죽음을 예언하는 것입니다. 또다시 얘기하자면, 살아 있다는 것은 아직 죽지 않았다는 뜻이며, 생존하는 모든 것은 '태어남'이라는 공통점을 안고 있다는 것입니다.

혹시 어머니의 몸에서 태어나던 순간을 기억하고 계십니까? 아니면 첫 걸음마를 뗀 순간을 기억하시는지요. 아니면 30년 전 오늘 있었던 일을 마치 방금 일어난 일처럼 또렷이 기억하고 계십니까? 아무리 기억력이 좋은 사람이라 할지라도 세월의 세세한 부분까지 기억하고 계신 분은 없을 겁니다. 혹여 그것이 너무나 강렬했던 과거의 순간이라 할지라도, 세월이 흐르면서 기억은 변질되고 왜곡되어 당시의 순간과 똑같은 모습으로 재연해 낼 수는 없습니다.

기억의 한계는 많은 것을 왜곡하고, 또 망각합니다. 덕분에 우리는 좋았던 기억도 나빴던 기억도 쉽게 잊고 삽니다. 하지만 기억은 뇌의 작용인지라, 우리가 몸으로는 잊었다 할지라도 습으로 남아 있게 됩니다. 예를 들면 다리를 떠는 습관을 가진 사람에게 언제부터 그런 습관이 생겼느냐고 물어보면 대부분 그 시작을 기억하지 못합니다. 아주 어릴 적이거나 본인이 인지하지 못하는 때부터 시작된 습관이기 때문입니다. 기억엔 없지만 습으로 남아 있는 것입니다.

그래도 이렇게 눈에 보이는 습은 고치기가 쉽습니다. 문제는 보이지 않는 것들입니다. 오만함으로 가득 찬 마음이라든지, 가시 돋친 말로써 상처 주는 것이 습관이 되어 버린 성격이라든지 언제부터인지도 모르게 축적된 습관은 고치기가 어렵습니다.

부처님께서 이르시기를 "종이에 향을 싸면 향 냄새가 나고 생선을 싸면 생선 냄새가 난다."고 하셨습니다. 안에 무엇을 품느냐에 따라 향기가 달라진다는 뜻입니다. 내면이 맑을수록 맑은 향내가 나고, 내면이 탁할수록 좋지 않은 냄새를 풍깁니다. 우리는 태어나서 지금까지 기억나지도 않는 숱한 경험들로 인한 습이 배어 있습니다. 게다가 과거생의 습까지 그대로 갖고 있으니 얼마나 묵은 습이겠습니까. 다음 생까지 이어진다면 그 무게를 도저히 감당할 수 없을 것입니다.

참회는 바로 나쁜 습의 무게를 가볍게 하고 악업의 배낭을 줄이는 데 있습니다. 이것은 타 종교에서 표현하는 '죄를 사한다.'는 의미와 확연히 다릅니다. 누군가에 의해 죄를 감면받는 것이 아니라 스스로 나쁜 습을 깨닫고 이를 돌이켜 반성하는 것입니다. 단순히 몇 가지의 잘못을 뉘우치는 것이 아니라, 자신의 생 전체를 아울러 지금의 나쁜 습을 갖게 된 모든 것을 돌이키는 것입니다. 기억에는 한계가 있는지라, 몇 가지 잘못만 가지고서는 참회가 이뤄질 수 없습니다. 그러니 한순간에 끝나는 기도가 아니요, 생애에 걸쳐 꾸준하고 지속적으로 기도를 해야 하는 것입니다. 그러면 남아 있는 삶 동안에는 점점 향기가 배어 나은 삶으로 거듭날 수 있습니다. 오늘의 참회는 어제의 잘못이 아니라 삶 전체를 복기하는 참회가 되어야 한다는 것을 잊지 마시기 바랍니다.

무릇 형상이 있는 모든 것은 다 허망하다.

만약 사물의 겉모습을 보고

그것이 참된 모습이 아닌 줄 알게 된다면

곧바로 여래를 볼 수 있을 것이다

『금강경』

불교는 쉽지만 불자 되기는 어렵다

● 부처님께서는 중생을 구제하기 위해 팔만사천 법문을 설하셨습니다. 이는 근기에 따라 다른 방편으로 설해 주신 것입니다. 중생의 삼라만상 삶이 팔만사천 가지가 넘으니 거기에 맞는 설법을 구분하여 하신 것입니다. 불교를 잘 모르는 사람의 입장에서 본다면, 불자는 팔만사천 법문을 봐야 한다니 어렵다고 느낄 수도 있습니다.

하지만 불교의 가르침은 결국 '제악막작 중선봉행(諸惡莫作 衆善奉行, 모든 악을 짓지 말고 여러 선을 받들어 행하라)' 이라는 여덟 글자로 추릴 수 있습니다. 얼마나 쉽습니까? 단적으로, 경전 어디를 봐도 자신의 이익을 위해 남을 해하라는 말씀을 설하신 구절은 없습니다. 또한 중생의 삶은 보잘것없는 것이 아니라 한없이 귀하다고 말씀하시며 각자의 삶의 존귀함을 밝히셨습니다. 그저 부처님께서는 중생을 구제하기 위해 고통에서 벗어나는 방법을 다양하게 설하신 것입니다.

부처님의 가르침은 아주 쉽고 명료합니다. 다만 어려운 점이 있다면 불자로 살아가는 것입니다. 불자다운 삶이란 부처님의 가르침을 실천하는 삶입니다. 무엇을 배웠으면 배운 것을 실천해야지, 실천하지 않으면 아무 소용이 없습니다. 불교는 부처님의 가르침이고, 이것을 배웠으면 올바르게 실천해야 하는 것입니다.

우리가 오늘날 불교와 인연 지어진 까닭은 수천 년의 역사 동안 수많은 불자들이 부처님의 법을 배우고 실천해 왔기 때문입니다. 세대를 이어 전승되었기 때문에 우리가 불교를 만나는 인연을 지을 수 있는 것입니다.

사회의 법도 지키지 않으면 아무런 소용이 없습니다. 법전에 아무리 상세하게 법을 설명해 놓아도, 지키지 않는다면 백지보다 못합니다. 우리는 수천 년 동안 변하지 않는 진리의 법을 만난 불자입니다. 하지만 그 인연만으로 가치 있다고 할 수는 없습니다. 우리가 삶에서, 생활에서 부처님의 법을 따르고 실천하고 행하여야만 그것이 진리요, 불법이라 내세울 수 있습니다. 그래서 불교는 쉽지만, 불자로 살아가기는 어려운 법입니다.

나는 말로만 불자인가

● 　사람들을 만나 긴 대화를 하다 보면 사람마다 각자의 에너지가 다름을 느낍니다. 맑고 순수한 마음을 가지고 있는 사람과 이야기하면 대화를 나누는 그 시간에 전혀 지침이 없습니다. 하지만 부정적인 기운을 가진 사람과 대화를 하다 보면 피곤함을 느낄 때가 많습니다. 처음 만난 사이인데도 대화가 술술 풀리는 사람이 있는가 하면 여러 번을 보아도 대화의 맥이 끊기는 사람이 있습니다. 또 말을 잘하는 사람임에도 귀에 말이 들어오지 않고, 말을 못하는 사람이라도 몇 마디 말에 귀를 기울일 때가 있습니다.

　시내 중심가를 둘러보면 스피치 학원을 흔히 볼 수 있습니다. 말을 잘하기 위한 방법을 알려 주는 곳입니다. 하지만 아무리 말을 수려하게 한다 하더라도 좋은 에너지를 갖고 있지 않는다면 그것은 큰 효과를 거두기 어렵습니다. 그렇다면 좋은 에너지란 어떻게 만들어지는 것일까요? 에너지는 바로 '마음'입니다. 순수하고 긍정적인 생각을 가진 사람과 대화를 하면 나 역시 긍정적인 기운에 즐거운 대화를 이어 나갈 수 있습니다. 하지만 부정적인 생각을 가진 사람과의 대화는 어렵습니다. 예를 들어 긍정적인 생각을 가진 사람은 '좋아, 돼, 맞아'라는 단어를 무의식적으로 많이 사용합니다. 반면 그렇지 않은 경우에는 '싫어, 안 돼, 틀렸어'라는 단어를 많이 사용하겠지요.

함께 밥을 먹다가 "아, 배부르다" 하고 먼저 밥상에서 물러나는 사람이 있습니다. 반면 배가 불러도 배부르다는 말 없이 조용히 자리를 지키는 사람이 있습니다. 둘 중 함께 식사를 하고 싶은 사람은 누구입니까?

대화는 결국 표현입니다. 표현은 내 마음을 상대방에게

알리는 것을 말합니다. 부정적인 마음을 가진 사람에게서는 부정적인 표현이, 긍정적인 마음을 가진 사람에게서는 긍정적인 표현이 나오는 것입니다.

요즘 불자답지 못한 행실을 하면서 스스로 '불자'라 당당하게 말하는 분들이 있습니다. 나쁘게 얘기하자면 불자답지 못한 행동을 하면서 입으로만 스스로 불자라 칭하는 사람들입니다. 그런데 또 좋게 해석하자면 "내가 불자다, 불자다." 자꾸 입으로 말하다 보면 진짜 불자의 모습에 가까워질 수도 있는 것입니다.

언행이 일치되어야 합니다. 행行을 먼저 한 다음에 언言이 붙는다면 더할 나위 없이 좋겠지만 좋은 말에 따라 점점 행이 바뀐다면 그 또한 좋을 것입니다.

그런데 문제는 수십 년이 지나면 어느 정도 행이 따라야 하는데, 오랜 시간이 지나도 '말로만' 불자라면 그것은 정말 심각하게 고민해 봐야 할 문제입니다. 말은 곧 마음입니다. 말로 내뱉는 모든 것에는 그 사람의 마음이 드러나기 마련입니다. 그러니 불자라고 스스로 당당해지기 전에 먼저 내면을 돌이켜 보시기 바랍니다. 진정 부처님 제자가 맞는지, 혹은 스스로 뱉은 '불자'라는 말에 가까워지고자 노력을 하고 있는지 말입니다.

세심洗心

● 부처님께서 코살라국 손타리강가에 계실 때의 일입니다. 근처에 살고 있는 한 바라문이 부처님께 문안을 드리자 부처님께서 바라문에게 물었습니다.

"손타리강에 목욕해서 무엇하겠느냐?"

바라문이 답했습니다.

"고타마시여, 손타리강은 제도하는 강이요, 상서로운 강이며, 청정한 강입니다. 누구라도 그 강에서 목욕을 하면 모든 악을 다 없앨 수 있나이다."

이 말을 듣고 부처님께서 말씀하셨습니다.

"손타리강이나 다른 강들도 사람의 악을 깨끗하게 할 수는 없나니, 어리석은 사람은 항상 강가에 살아도 죄악을 없애지는 못하느니라. 그 마음이 깨끗한 사람이라면 구태여 강물에 목욕해서 무엇하리. 자신이 청정한 사람이라면 포살은 해서 무엇하겠느냐. 살생하지 않고 도둑질하지 않으며 음행하지 않고 거짓말하지 않아, 스스로 깨끗한 업을 쌓아 자신을 지켜야 하느니라. 믿음으로 보시하여 인색함을 없애고 이웃을 대할 때 항상 자비로워 인간의 허물을 벗어버리면 고여 있는 우물물로 목욕해도 그만이거늘, 구태여 손타리강에 씻어 무엇하겠느냐? 속마음이 깨끗하면 겉으로 몸뚱이를 씻지 않아도 되나니, 천하고 낮은 몸에 묻은 때가 많아서 물로 씻고 먼지를 닦는다고 그 마음이 따라서 깨끗해지지는 않느니라.”

위 내용은 『잡아함경』에 나오는 일화입니다.

간혹 죄악이 멸하여지고 벌을 면하는 어떤 수단이 있다고 믿는 사람들이 있습니다. 그러나 부처님께 악행을 고하고 용서를 구한다고 지은 일이 없던 일이 되는 게 아닙니다. 또한 자신의 업장은 누군가 대신 짊어져 주거나 없애

줄 수 있는 것이 결코 아닙니다. 이는 잘못된 종교적 신념입니다. 참회는 참회이고 업장소멸은 업장소멸입니다. 죄를 소멸할 수 있는 것은 자신밖에 없습니다.

부처님은 자애롭고 자비롭고 너그럽습니다. 언제든 어리석고 악한 중생을 품어 줄 수 있는 분입니다. 그러나 죄를 없애 주는 분은 아닙니다. 스스로 수행하여 악업을 지우고 선업을 쌓는 중생을 제도하여 이끌고 갈 따름입니다. 그래서 부처님 앞에서는 "잘못했습니다, 용서해 주세요, 잘되게 해 주세요."라고 기도하면 안 됩니다. "참회합니다, 더 큰 공덕과 선업으로 속죄하며 살겠습니다."라는 기도가 진정한 기도입니다. 부처님의 위신력을 믿고 선행을 실천하고 정진하는 사람들이 하는 일이 잘되는 것입니다.

죄를 짓고 벌을 받았다고 해서 악행을 저지른 사실 자체가 사라지는 것이 아닌데 그것으로 책임이 끝났다고 여겨 반성하지 않는 사람들이 있습니다. 벌을 받는다는 것은 손타리강에 때 묻은 몸을 씻는 일에 불과합니다. 반성은 고개 숙여 사죄하는 것이 아니라 자신을 돌이켜 살피는 일입니다. 죄를 짓는 악한 마음의 뿌리를 뽑아내는 것을 말합니다. 업장을 소멸하는 가장 좋은 방법은 악업을 짓지 않는 것입니다. 악업은 마음에서 생각으로, 생각에서 입으로, 입에서 행으로 옮겨 갑니다. 그러니 악업을 짓지 않는 근본은 곧 마음을 청정하게 가꾸는 일인 것입니다. 업장을 씻어 줄 손타리강을 찾아다니지 말고 스스로 연꽃처럼 청정한 사람이 되어야 합니다.

맑은 물을 더 부어라

● 부처님 당시 어떤 장자의 아내가 매일같이 남편에게 두들겨 맞고 몸에 피가 낭자한 채로 부처님께 찾아와 슬프게 울며 물었습니다.

"부처님이시여, 저는 전생에 무슨 죄를 지었기에 매일 남편에게 맞아야 합니까. 제가 얼굴이 못난 것도 아니고, 아내로서 마땅히 지켜야 할 도리를 어긴 것도 아니며, 자녀교육에 소홀한 것도 아닙니다."

부처님께서 이 여인을 자세히 관하시고는 다음과 같이 말씀하셨습니다.

"너는 전생에 큰 대궐의 공주였다. 공주가 성질이 못되어서 늘 아무 잘못도 없는 시녀를 꼬집고 때리고 피를 흘리게 하는 등 못된 짓을 하였느니라. 시녀는 상전 앞이라 한마디 말도 못하고 그대로 한을 품고 살다가 죽었느니라. 그 후 전생의 한이 풀리지 않은 인과因果로 금생에 너의 남편이 되었고, 꼬집던 공주는 바로 너다. 네가 전생에 시녀를 때리고 꼬집은 만큼 네 남편이 너를 때리는 것이다. 전생으로부터의 인연과보因緣果報를 이제 알겠느냐.”

부처님의 비유와 인연설화를 보면 종종 이런 대목의 인과에 관한 이야기가 나옵니다. 절로 가슴이 섬뜩해지는 이야기가 아닐 수 없습니다. 부처님의 인과에 대한 가르침은 단호합니다, ‘선인선과善因善果 악인악과惡因惡果’며 모든 일의 결말은 ‘자작자수自作自受’라 하였습니다. 이 준엄한 인과의 법칙은 이에 얽매이지 않을 진정한 깨달음의 도인이 아니라면 누구나 받아야 합니다. 어떤 사람은 너무 가혹하고 결정론적이라 생각하기도 합니다. 그러나 부처님의 가르침은 확고합니다.

도용 종정 예하께서 천태종 동안거 해제 법문을 하시며

"정신 통일을 한 번 한다고 일생을 가지 않는다. 바로 닦는다는 것은 한순간을 어떻게 살아갈지에 대해 매번 정신을 가다듬는 것"이라 말씀하시고 "몸, 말, 생각 그리고 마음을 실속 없이 쓰지 말라." 하시며 일상생활에서 관음정진을 게을리하지 말라고 당부하셨습니다. 이는 현재 삶에서 우리가 받고 있는 것은 과거에서부터 이어 온 것이고, 앞으로 우리가 받아야 할 모든 업들은 현재 우리가 숨 쉬고 살아가면서 행하는 모든 일에서 지어진다는 사실을 인식해야 한다는 것입니다. 그래서 말씀하시길 다만 한 달 동안의 정진으로 모두 끝나는 것이 수행이 아니라 살아가는 매 시각마다 잊지 않고 계속되어야 한다고 하신 것입니다.

모든 사람의 인과는 신구의身口意 삼업三業에서 비롯됩니다. 몸으로는 살생과 도둑질과 사음을 저지르고 입으로는 거짓말, 꾸밈말, 이간질, 욕설을 내뱉으며 뜻으로는 탐내고 성내고 어리석은 짓을 계속합니다. 그래서 악업은 자꾸만 쌓여 가고 우리의 앞날은 어두워집니다. 그것을 악업이라

하고 부처님께서 그 악업의 사슬을 누차 강조하시며 악업을 지우라고 하십니다.

사람들은 종종 과거 자신의 허물을 지우고 싶어합니다. 그래서 과거에 자신이 저지른 잘못을 식상한 변명으로 미화하여 그것을 정당화하려 합니다. 그러나 허물은 감추려 할수록 더 커집니다. 아무렇지도 않은 과거에 망어妄語의 업이 붙는 것입니다. 과거의 잘못은 바로 인정하고 반성하며 참회하는 것으로 지워야 합니다.

양심

● 　인류는 지난 수십 년간 자연재해에 관한 수많은 경고를 들어 왔습니다. 학자들은 끊임없이 개발을 멈추어야 한다고 말했고, 지구의 인내가 한계에 달했다고 얘기했습니다. 그러나 우리는 환경을 오염시키는 일을 멈추지 않고 있습니다. 그 결과, 자전거를 타고 내리막길을 가듯 멈출 수 없는 속도로 재해가 우리에게 돌아오고 있습니다. 자칫 잘못 멈추었다가는 속도를 주체하지 못해 내 몸이 날아갈 판입니다.

　문명이 발전하면서 환경오염은 필수 조건처럼 따라붙었습니다. 인간이 불을 사용하기 시작하면서 나무를 베고 연기를 내뿜은 것이 환경오염의 시초가 아니었나 싶습니다.

그래도 그때는 단순한 문제였습니다. 이제는 어느 한두 가지가 원인이 아니라 환경오염을 제거할 방법이 복잡해질 만큼 원인이 다양해졌습니다.

초가집을 생각해 봅니다. 짚과 흙으로 만든 집의 가장 큰 장점은 세월이 지나면 저절로 자연으로 돌아간다는 것입니다. 우리의 육신도 마찬가지입니다. 육신의 호흡이 끊어지는 순간 자연으로 돌아갑니다. 그것이 이치이며 순리입니다.

환경오염의 문제는 자연으로 돌아가지 않는 데에 있습니다. 값싸고 효율적인 플라스틱을 양산하고, 더 강력한 세제를 만들고, 유행에 따라 새로운 물건들이 생산되고 있습니다. 물론 이것들이 자연으로 잘 돌아간다면 문제가 없겠지만 대부분 자연으로 돌아가지 못한 채 계속 축적되어 지구를 오염시킨다는 데 그 심각성이 있습니다.

날이 더워지면 모두가 에어컨을 켜고 시원한 바람을 씁니다. 실내가 시원해질수록 밖으로는 실외기를 통해 더운 공기가 나옵니다. 그러면 이 더운 공기는 어디로 갈까요.

이 두 경우만 비추어 보아도 우리는 지금의 재난을 극복할 지혜를 찾을 수 있습니다. 하나는 자신의 양심에 관대해지지 말 것이며, 나머지 하나는 늘 이면을 생각하라는 것입니다. 쓰레기가 쓰레기통에 들어가면 문제가 없습니다만, 쓰레기가 산속에 버려지면 문제가 됩니다. 적어도 인간이 처리할 수 있는 한도 내에서 사용하고 폐기해야 한다는 것입니다. 이것이 환경문제를 해결할 수는 없겠지만 인간이 환경을 관리하고 감독할 수 있는 바탕은 마련됩니다.

'이 정도는 괜찮겠지.'라는 관대한 생각이 아니라 '이것도 안 된다.'라고 철저히 양심을 지키면 환경은 나은 방향으로 개선될 수 있습니다. 또한 내 행동의 '과果'를 생각해야 합니다. 지금의 행동이 무엇을 촉발하고 일으킬 것인지 다음을 생각한다면 몸가짐에 조심성이 더해집니다.

이는 비단 환경오염뿐만 아니라 우리 생활에서도 마찬가지입니다. 자신에게만 관대한 사람은 남과 어우러질 수 없고, 결과를 생각하지 않는 행동은 남에게 피해를 끼치기 마련입니다. 끝으로 부처님의 말씀을 전하고자 합니다.

"몸으로는 항상 자비스러운 행에 힘쓰고
입으로는 항상 자비스러운 말을 하고
뜻으로는 항상 자비스러운 생각을 품어라."

달콤한 독, 쓴 약

● 웰빙, 힐링, 욜로. 세월에 따라 이름을 바꾸어 온, 오늘날의 시대상을 반영하는 용어들입니다. 고단한 삶에 매달리느라 지친 몸과 마음을 쉬고 삶을 즐기려는 욕구가 낳은 말입니다. 자신의 행복을 위해 균형 있는 삶을 추구하는 것은 자연스럽고 중요한 일입니다.

그만큼 스스로 삶의 균형을 잘 맞추는 일도 중요합니다. 우리는 한 개인이고, 가족의 구성원이며, 사회의 일원입니다. 각자 속한 곳에서 맡은 역할을 고루 수행해야 하는 겁니다. 생각지 않았던 일과 반갑지 않은 일을 해야 하고 어려운 일을 해내야 할 때가 분명 생깁니다. 또 여기서는 '나'의 입장이 되었다가 저기서는 '너'의 입장이 되어야 하므로 때로 역할이 교착됩니다. 그렇기 때문에 중심을 잘 잡고 자신을 단속하는 일을 놓쳐서는 안 됩니다. 그래서 살아가는 일이 어렵습니다.

과연 이와 같은 모든 거추장스러운 일을 던져 버리고 편하고 즐거운 일에 매진하자는 것이 웰빙, 힐링, 욜로가 말하고자 하는 것일까요? 손에 쥘 수 없는 일들을 어느 정도 내려놓는 것은 현명할 수 있습니다. 그러나 고비가 올 때마다 좋은 것만 택하며 어려운 일들을 놓아 버리면 결국 삶의 균형이 무너지게 됩니다. 누구에게나 처음인 삶이기 때문에 살아가면서 많은 어렵고 힘든 일을 겪습니다. 몰라서 어렵고 익숙하지 않아서 서툽니다. 경험이 쌓이면서 능숙해지고 모든 것이 편해지고 좋아지는 겁니다.

당장 힘들고 앞이 보이지 않는다고 편한 곳으로 돌아가려고만 하면 안 됩니다. 고진감래苦盡甘來, 고생 끝에 낙이 온다고 하지요. 관점을 바꾸면, 쓴 것이 다해야 단 것이 온다는 겁니다. 쓴 것을 멀리하고 단 것을 좋아하면 단 일이

다한 뒤에 쓴 일이 옵니다. 아플 때 먹는 약은 쓰고, 주사는 아픕니다. 환부를 도려내기 위해서는 그보다 더 큰 아픔도 감내할 필요가 있는 겁니다.

  중생심이 들끓는 사람에게 수행은 쓴 약입니다. 수행은 힘들지요. 습이 될 때까지 자기 스스로 단속해야 하는 것이 너무나도 많습니다. 보조국사 지눌 스님은『계초심학인문』에서 수행자의 자세에 대해 많은 가르침을 남기셨습니다. 타인의 방에 출입하거나 속옷을 빨거나 경행하고 대화할 때의 바른 자세, 식사 예의, 범패와 축원할 때의 경계, 공동생활에 임하는 태도, 앉고 눕는 차례까지 이르고 있으며, 타인의 궂은일뿐만 아니라 좋은 일조차 보려 하지 말라고 하셨습니다. 일상에서 수행까지, 하나부터 열까지 모든 순간에 생각과 말과 몸가짐과 행을 삼가라는 것입니다. 이것이 수행입니다. 쉬울 리가 없습니다.
  핵심은 이 모든 순간의 '나'를 알아차리는 노력에 있습니다. 이것이 원활하여 모든 순간의 주인이 되면 삶의 균형이 맞춰집니다. 눈 딱 감고 쓴 약을 꿀꺽 삼키면 병이 잡히는 것처럼, 고_苦를 삼켜야 고_苦가 잡힙니다. 그러면 어느 곳에 있든 웰빙과 힐링이 가능해집니다.

부처님의 자비는 가만히 앉아 있는다고 저절로 안락을 가져다주는 것이 아닙니다. 기쁨도 슬픔도 절망도 행복도 모두 다 나의 몫이요, 내가 만들고 내가 소멸시키는 것들임을 알려 주는 것이야말로 진정한 부처님의 대자대비입니다.

재물과 색은 칼날 끝의 달콤한 꿀과 같다.

한 번 빨아먹기에 부족하고 혀를 베일 수 있지만,

사람들은 달콤함에 취해 그것을 탐한다.

사람이 처자나 좋은 집에 얽매이는 것은

감옥과 사슬보다 더한 것이다.

『사십이장경』

자격

● 　우리는 계속해서 자신을 증명해야 하는 시대를 살아가고 있습니다. 요구되는 기준은 점점 높아져 갖출 것이 많아졌지만 많은 부분에서 모두가 평등하지 않습니다. 폭이 다른 걸음의 간격을 줄이기 위해 아이, 어른, 학생, 직장인 할 것 없이 공부를 합니다. 자신이 희망하고 사회가 요구하는 최소한의 기준을 충족했다는 증거로 자격증을 취득하는 사람들도 많습니다. 민간에서 발급하는 자격증만 3만여 개에 달한다고 합니다. 수치만으로도 누적된 사회의 피로감이 읽힙니다.

　그런데 그것들이 모두 배우는 내용과 과정과 결과의 쓸모를 보장하지는 않습니다. 정해진 시간을 이수하기만 하면 주어지는 자격증도 있습니다. 돈을 주고 시간을 들이면 '자격이 있다'고 인정해 주는 겁니다. "자격을 갖추다." 마치 권한을 산 누군가로부터 나를 인가받아야 하는 일처럼 느껴집니다.

'자격'은 '재물 자資'에 '격식 격格' 자를 씁니다. '격格'은 똑바로 자란 높은 나무를 뜻합니다. 가지를 쳐서 나무를 다듬어 모양을 바로잡는다는 데서 그 뜻이 출발하여 잘 다듬어진 인성과 인격을 뜻하게 되었습니다. 우리가 소유할 수 있는 최상의 가치는 잘 다듬은 사람의 격이라는 것입니다. 세속의 생활로서는, 직職에 오르고 업業을 가져 그 노릇을 잘하며 이익을 내는 일보다 사람의 자격을 갖추고 살아가는 일이 훨씬 어렵습니다.

여기, 또 하나의 자격이 있습니다. 출발선이 같고 학력, 외모, 국적 등 세속의 어떤 조건으로도 우위에 있을 수 없는 것입니다. 남의 기준에 부합하지 않아도 되고 세상 누구도 부여할 수 없으며 오직 스스로 갖출 수 있는 이것은, 부처의 자격입니다.

부처의 자격을 갖춘다는 것은 남보다 빠르게 멀리 가고, 많은 재산을 얻거나 높은 지위에 올라갈 필요가 없는 일입니다. 가장 쉬우면서도 가장 어려운 일입니다. 경구 한 줄, 비질 한 번에도 얻을 수 있지만 십만 번의 절을 해도 얻기 어렵고 억만 겁을 윤회해도 얻기 힘든가 하면 찰나에 거머쥐기도 합니다.

기실은 이미 갖추어져 있는 것입니다. 상대가 부처인 줄 알고 세상이 공한 것을 볼 줄 알면 나의 자격은 부처입니다. 『법화경』에서는 "이 세상에는 이승二乘도 없고 삼승三乘도 없다."고 했습니다. 나아가 오십이위五十二位 점차漸次도 없습니다. 오직 부처[佛乘]가 있고 사람이 있을 뿐입니다.

문 없는 집

●   사회적 거리 두기. 이제 더는 생소한 단어가 아닙니다. 이는 사회를 이루는 구성원들, 사람과 사람 사이에 물리적인 거리를 두는 일이지 마음의 거리를 멀게 하는 일은 아닙니다. 그런데 사회적 거리 두기가 오래 지속되니 외로움과 우울함을 호소하는 사람들이 많아지고 있습니다. 마음의 거리가 일정 부분 물리적 거리에 비례한다는 방증입니다.

이웃사촌이라는 말이 있습니다. 왕래가 드문 사촌보다 지근거리의 교류 많은 이웃이 더 가까운 사이라는 말인데 요즘은 이 말의 의미가 많이 퇴색했습니다. 이웃 간의 교류가 거의 없을뿐더러 이웃에 누가 사는지조차 모르는 사람도 허다합니다.

사회적 거리 두기가 초래한 우울감과 얼굴도 모르는 이웃, 어딘가 이질감이 느껴집니다. 꼭 가까이 있어야 관계가 가까워지는 것이 아니라면 물리적 거리가 멀어진다고 해서 마음의 거리가 멀어지는 것도 아닐 것입니다. 신뢰와 관심이 관계의 기반이니 거리보다는 신뢰와 관심을 축적하는 경험의 유무가 더 중요할 것입니다.

오늘날 사람들은 제각기 자신의 빗장 안에서 살아갑니다. 문을 잠그고 제 안의 것들을 보호하는 일이 매우 중요해졌습니다. 흉흉한 일이 많이 벌어지니 집의 문도 걸어 잠그고, 온라인 세상도 안전하지만은 않아 자신을 보호해 줄 문이 필요합니다. 문은, 닫혀 있기만 하는 것이 아니라 필요에 의해 열고 닫아야 하니 안의 것을 지키려면 단속을 잘해야 합니다. 반사회적 일들이 관계 단절의 원인이 되고 삼엄한 문단속은 이를 더 견고하게 합니다.

그런데 마음의 문을 단속하는 일은 어렵기도 하지만 크

게 관심을 갖는 일도 아닌 것 같습니다. 『백유경』에 이런 비유가 나옵니다.

어떤 사람이 먼 곳으로 여행을 떠나며 하인에게 문단속을 잘 하고 나귀와 밧줄을 잘 살필 것을 당부했습니다. 주인이 떠난 후 한 친구가 광대놀이 구경을 가자고 그를 데리러 왔고, 하인은 밧줄로 나귀를 문에 매어 두고는 친구와 함께 밖으로 나갔습니다. 그가 나간 후 곧 집에 도둑이 들어와 값진 물건들을 모두 훔쳐 달아났습니다. 주인이 돌아와 하인에게 물었습니다.

"집안의 값진 물건들을 모두 어떻게 했느냐?"

"주인께서는 제게 문과 나귀와 밧줄만을 부탁했을 뿐입니다. 그 밖의 다른 것은 제 알 바가 아닙니다."

"너에게 문단속을 잘 하라고 한 것은 바로 값진 물건들 때문이었다. 이제 그것들을 모두 잃어 문은 아무 쓸모가 없게 되었으니, 너도 이 집에서 쓸모가 없게 됐구나."

부처님은 "감관의 문을 잘 단속하여 대상에 집착하지 말고 무명無明의 나귀와 애욕의 밧줄을 잘 지키라."고 당부하셨습니다. 문은 안의 것을 지킵니다. 귀한 것을 지키기도 하고 나쁜 것이 빠져나가지 못하게 막기도 합니다. 여는 것도 닫는 것도 자유자재하려면 무엇을 지키고 무엇을 흘려보내야 하는지 알아야 합니다. 본래 내 마음이 어떤 모양인지를 알아야 하는 것입니다. 그리하면 궁극에는 문을 여닫는 경계마저 사라집니다.

문도 담도 없던 오랜 옛날엔 사람과 사람이 문이 되고 담이 되었습니다. 그래서 사람 간의 관계가 더 견고했던 겁니다. 마음의 문도 그러합니다. 내가 참나와 더 견고하게 결속되려면 마음의 문에 경계가 없어야 합니다. 그럴 때 참마음이 더 선명해집니다. 반대의 경우도 가능하겠습니다. 참마음이 선명해질수록 마음의 문에 경계가 사라집니다. 자유자재로 마음의 문을 조각하는 길은 수행 안에 있습니다.

불자답게

● 행복은 무엇일까요. 돈이 많으면, 이름이 널리 알려지면 행복하다고 할 수 있을까요. 그렇다면 부자와 정치인들이야말로 가장 행복한 이들이겠지만, 실상은 그렇지 않다는 걸 누구나 알고 있습니다. 돈과 명예만을 좇는 삶은 반드시 대가를 돌려받습니다. 방편에 불과한 것을 삶의 목표로 떠받드는 것이 전도몽상입니다. 행복한 사람은 딛고 선 자리가 어디인지 잘 알고 현재를 올곧이 살아갑니다. 그래서 자연이 묵묵히 드러내 보이는 계절의 변화도 민감하게 감지할 수 있습니다. 부처님께서 평생을 두고 펼치셨던 진리가 바로 이것입니다.

삼광사에 주지로 부임한 이후 부처님과 좋은 인연을 맺어 주자는 취지로 등 권선 운동을 전개했습니다. 스님들이 탁발을 하듯, 우리 삼광사 신도들이 등을 가지고 세상에 나가 권선하면서 불연 맺는 계기를 전하자는 것이었습니다. 한 사람이라도 절 마당을 밟도록 하여 믿음의 씨앗을 심고, 이를 배움으로 승화시켜 결국에는 수행과 보살행으로 나아가도록 이끌자는 것이었습니다.

　이 과정에서 적지 않은 이들이 불법을 만나게 되는 환희 넘치는 광경을 목도했으며 이 시대 불자의 사명을 다시 한 번 되새겨 보았습니다. 내면적으로는 나부터 달라지겠다는 의지로 수행하는 것, 외면적으로는 불교를 외호하고 전파하는 실천을 다져 나가는 것이 시대가 요구하는 불자의 역할입니다. 이처럼 불자의 생각과 행동은 일반적인 생각, 행동과 달라야 합니다. "저 사람은 불자구나." "저 사람은 삼광사 신도구나."라는 말이 절로 나오도록 자신을 가다듬어야 합니다.

전국의 여러 사찰에서 소임을 맡으며 음식물 쓰레기 줄이기, 금주와 금연 캠페인을 펼쳐 왔던 이유이기도 합니다. 하루에 버려지는 음식물 쓰레기를 합치면 무려 1만2천 톤에 달한다고 합니다. 1만2천 톤은 1200만 킬로그램이고, 1200만 킬로그램은 쌀 15만 가마입니다. 감히 상상도 하기 힘든 어마어마한 양입니다. 음식물 쓰레기를 처리하는 비용은 연간 1조 원인데, 이를 식량 자원 가치로 환산해 보면 20조 원을 훌쩍 뛰어넘는다고 합니다.

현재 무수히 버려지고 있는 음식물들을 어떻게 설명할 수 있을까요. 그것은 현대인들의 욕망을 대변하는 상징이자 삿된 망상을 대변하는 상징과도 같습니다. 오직 순간의 욕망만을 충족시키기 위해, 또 그 욕망을 타인에게 과시하기 위해 음식을 헛되이 소비하고 있는 것입니다. 하지만 불자들은 알고 있습니다. 내 앞에 있는 음식에 얼마나 많은 이들의 정성과 땀이 깃들어 있는지를 말입니다. 음식에는 우주가 담겨 있습니다. 유정과 무정의 일체 만물이 스며들어 있습니다. 그렇기 때문에 쌀 한 톨도 허투루 먹을 수 없습니다. 적게 먹으라는 말이 아닙니다. 내 몸이 필요로 하는 음식을 알맞게 감사한 마음으로 먹으라는 말입니다. 부처님께서 설하신 인과의 진리를 단지 배움에서만 끝낼 게 아니라 몸으로 체화하여 행동으로 옮기는 실천이 중요합니다.

다음으로는 금주입니다. 밥은 허기진 몸을 일깨우고 정신을 맑게 만들지만, 술은 정제된 몸을 허물어뜨리고 맑은 정신을 혼탁하게 만듭니다. 따라서 불자들은 오계를 수지할 때 불음주계不飮酒戒를 다짐합니다. 많은 경전에서도 음주의 해악을 경계하는 말들을 찾아볼 수 있습니다. 『분별선악소기경』『사분율』『대지도론』『대살차니건자경』등에는 술을 좋아하면 지혜의 종자가 끊어지고 목숨이 다하면 삼악도에 떨어지게 된다는 등의 과보가 나열되어 있습니다. 술독에 빠지더라도 마시지 않았을 때와 다르지 않다면 문제될 게 없습니다. 하지만 술을 과하게 마신 대다수의 경우, 본인은 물론 주변 사람들까지 고통의 구렁텅이로 몰아

넣게 됩니다. 따라서 술을 이겨 낼 자신이 없다면 처음부터 입에 대지 않아야 합니다. 이것이 힘들다면 적당히 마시려는 노력이 필요합니다.

담배도 마찬가지입니다. 담배를 피우는 것은 중독입니다. 중독은 내 마음이 헛된 것에 의지하고 있다는 것입니다. 헛된 것에 의지하는 마음을 가지고 걸림 없는 자유를 얻겠다는 것은 이치에 맞지 않는 도둑 심보에 불과합니다. 담배는 이처럼 공부에 악영향을 미치는 것에서 나아가 실생활에서 살펴보아도 건강을 해칠뿐더러 경제적으로 하등의 도움이 되지 못합니다. 상월원각대조사님께서는 "신장님들은 담배 냄새를 송장 썩는 냄새보다도 더 맡기 싫어한다."고 말씀하셨습니다. 상월원각대조사님께서 말씀하신 냄새는 코로 맡아지는 것만이 아닌 마음에서 비롯되는 냄새까지 아우르는 것입니다.

음식물을 남기는 것, 술을 마시는 것, 담배를 피우는 것

모두 습관에서 비롯됩니다. 습관적 무의식을 제거하지 못한다면 우리는 부처가 될 수 없습니다. 세상을 있는 그대로 보려면, 지금 이 순간을 잘 살아 내려면 습관적 무의식을 녹여 버려야 합니다. 그래서 불자의 생각과 행동은 일반인들의 그것과 달라야 합니다. 사람들로 하여금 "저 사람은 불자구나. 나도 저 불자처럼 살아 보고 싶다."고 발심하도록 이끄는 힘을 갖추어야 합니다. 귀감이 되지 못한다면 스스로를 돌아볼 것이고, 돌아본 결과에 따라 참회할 것은 참회하되 칭찬받을 만한 것이 있었다면 가감 없이 스스로를 칭찬해 주어야 합니다. 그것은 곧 지금 이 자리를 올곧이 살아갈 수 있는 원동력이 될 것입니다.

마치 소금이나 꿀이

어디에 섞이더라도

본성이 살아 있는 것처럼,

어떤 번뇌에 섞이더라도

불성은 존재한다.

『열반경』

지혜로운 사람은
할 수 없는 일은 하지 않고
할 수 있는 일에
온 힘을 바친다.

『증일아함경』

겨울
나누다

불성 종자를 가진 사람 간에는 근기의 차이가 있을 뿐,

차별이 발생하는 것은 인因이 다르므로

과果가 다르게 나타난 것입니다.

동행

● 　어느새 앙상해진 나뭇가지 사이로 겨울 빛이 찬란합니다. 울창했던 나뭇잎 사이에 숨어 있던 동장군도 성큼성큼 걸어 나오며 계절을 건너왔음을 일러 줍니다. 겨울이 되면 추위를 피해 따뜻한 옷과 장소를 찾습니다. 겨울은 한해의 끝자락에 찾아와 어려운 이웃들의 해넘이를 더욱 아쉽고 서글프게 만들기도 합니다. 그래서인지 일 년 중에서도 12월의 겨울이면 어려운 이웃들의 시린 마음을 데워 주는 온정의 손길과 자주 마주하게 됩니다. 흔하게는 김장을 나누거나 연탄을 배달하고, 옷가지와 이불 등 생활에 필요한 물품을 나누는 경우가 많습니다. '먹고사는 일'을 가장 급하게 발등에 떨어져 있는 문제라고 인식한다는 방증입

니다.

우리는 '어떻게 살 것인가?'라는 화두를 안고 살아갑니다. 생계가 곤란한 사람들에게는 이 화두가 '어떻게 먹고 살 것인가?' 하는 문제와 직결됩니다. '법답게 사는 법'은 그 다음입니다. 사회가 발전하여 기본적인 생활이 충족되고 문화적 욕구와 소양을 갖추는 수준이 높아졌지만 이 '먹고사는 일'은 언제라도 등한시할 수 없는 일입니다. 부처님은 자신의 몸을 혹사하는 고행 끝에 중도의 진리를 깨닫고 고행을 멈추셨습니다. 평생 육신을 살리기 위한 정도의 공양만을 하셨으나 마음을 살찌우기 위해 몸을 살찌우는 일체의 것을 모두 버리는 일은 바른길이 아님을 아셨기 때문입니다. 만사에 경중을 따지고 등급을 매기느라 자칫 삶의 바탕을 이루는 기본적인 일들의 가치를 잊고 살아가는 것은 아닌지 돌아보게 됩니다.

부처님 재세 시의 일입니다. 어느 날 부처님께서 제자들과 함께 재가자의 공양청을 받아 그 집에 가서 공양을 했습니다. 보통 공양 후에는 부처님께서 법을 설하는 것이 관례인데 그날은 부처님께서 법문을 하지 않고 가만히 계셨습니다. 이때 한 농부가 법문을 듣기 위해 헐레벌떡 뛰어 들어와 뒷자리에 앉았습니다. 그 농부는 법석에 일찍 오려고 했으나, 황소가 우리를 뛰쳐나가는 바람에 소를 찾기 위해 들판을 쏘다니느라 회중에 늦은 것이었습니다. 부처님께서는 농부에게 먼저 밥을 먹으라고 하신 뒤에 그 농부가 밥을 다 먹고 회중에 돌아올 때까지 기다렸다가 법을 설하셨습니다. 법문을 마치고 사찰로 돌아가는 길에 제자들이 부처님께 왜 농부에게 밥부터 먹으라고 하셨는지 물었습니다.

부처님께서는 "여래의 법문을 듣다가 배고픔을 느낀다면, 그는 배고픔 때문에 진리를 충분히 받아들이지 못한다. 그래서 먼저 그의 배고픈 고통을 해결해 준 것이다. 황소를 찾느라고 헤매었으니 얼마나 배가 고팠겠느냐. 이 세상에서 배고픔만큼 견디기 어려운 고통은 없느니라."고 답하셨습니다.

수행의 길에 있다 하더라도 육신의 허기를 달래는 일은 마음의 허기를 채우는 일만큼이나 중요합니다. 불교는 최상의 행복을 누리게 하는 진리의 가르침입니다. 이는 만 중생의 행복을 말하는 것입니다. 만 중생을 피안의 정토로 실어 나르는 것이 우리가 올라탄 큰 수레[大乘]입니다. 이웃을 돕고 이웃과 나누는 일은 어렵게 마음먹고 생색내며 하는 일이 아니라 사소하여도 내 일처럼 마음 내어 함께 걷는 일인 것입니다.

이와 같은 경계를 만나 한때의 나눔이 아닌 영구永久한 동행의 참된 의미를 되새기시기 바랍니다. 언제나 자리이타의 정신을 잃지 않고 모두 함께 행복한 불국정토를 꿈꾸는 정법인으로 한 해 한 해 아름답게 살아가시기를 부처님 전에 간절히 서원합니다.

무차 無差

● 자비란 무엇일까요. 기쁨을 함께 나누는 마음[慈心], 고통을 함께 나누는 마음[悲心]입니다. 이는 유무정의 일체 만물을 대하는 마음이니 차별하는 마음을 일으켜서는 안 됩니다. 부처님은 신분의 높고 낮음이나 재물의 많고 적음으로 차별하여 사람을 대하지 않으셨습니다. 다만, 법을 전할 때에 어느 정도 수준에서 불법을 이해할 수 있는지를 구분하여 근기에 맞게 법을 일러 주셨으므로 대기설법對機說法이라 하는 것입니다. 잘난 사람, 못난 사람이 따로 있는 것이 아니라 각자 불성을 가진 부처님으로 보았던 것입니다.

부처님의 십대제자 가운데 우바리존자는 천민 계급 출신

이었으나 구족계를 받은 후 털끝만큼도 계율을 어기지 않아 지계제일로 칭송받은 인물입니다.

　어느 날 아난이 부처님께 "천민 우바리의 출가를 허용하여 왕족을 욕되게 하고, 그의 출가로 중생들로 하여금 불경심不敬心이 늘어나 신심을 더럽힘으로써 큰 복전을 잃게 하는 구실이 되었습니다."라고 고하였습니다.

　이에 부처님은 "우바리를 천하다고 말하지 말라. 그는 비록 천민 계급이었으나 호법護法과 지계持戒로는 제일이니, 중생으로 하여금 바른 깨달음을 얻게 하는 사람임이 분명하다. 그러므로 천하다 여길 것이 아니라 존경해야 한다."라고 일러 주셨습니다.

　계급은 인간이 중생심으로 만들어 낸 것입니다. 평등하게 불성 종자를 가진 사람 간에는 근기의 차이가 있을 뿐, 차별이 발생한다는 것은 결국 인因이 다르므로 과果가 다르게 나타난 것입니다. 사람을 나누어 차별하는 인을 지으면 결국 자신이 차별받는 과를 입습니다. 슬픔과 기쁨에 공명

하는 자비의 종자를 심으면 자비의 열매를 수확하게 될 것입니다. 그리고 사람들 마음 마음마다 자비심이 자라나면 세상은 절로 평온해질 것입니다.

　불가에는 누구에게나 똑같이 공양을 대접하는 '무차만발공양' 이라는 문화가 있습니다. 귀한 사람이 왔다고 좋은 음식을 내 주고 천한 사람이 왔다고 천한 음식을 내는 법은 불교 안에 없습니다. 누구나 공평하게 발우공양하는 것이 도리입니다. 차별 없는 자비 나눔이 만발공양에 담긴 뜻입니다. 애초에 귀하고 천한 이의 구별이 없는 것이 불교에서 말하는 정토세상입니다.

　수행의 기쁨, 선업의 공덕 또한 신분을 가려 차등하게 누릴 수 있는 것들이 아닙니다. 누구에게나 똑같이 그 기회가 주어져 있습니다. 정진을 다짐하되 혼자만의 기쁨으로 그쳐서는 안 됩니다. 지극한 자비심을 발하여 무차회향하겠다는 대원력을 세우시기 바랍니다.

복덕과 공덕

● 우리가 법다운 삶을 살면 많은 공덕을 쌓을 수 있습니다. 자비심을 갖고 이타행을 실천하는 것만큼 공덕을 잘 쌓는 법도 없습니다. 그런데 가만히 보면 큰 노력을 하지 않는 것 같은데도 타고난 복을 지닌 사람이 있습니다. 복이 없는 사람의 입장에서 보면 왠지 억울한 마음이 드는 것도 사실입니다. 태어나자마자 부잣집의 자녀가 된다든지, 갑작스럽게 땅값이 올라 부자가 된다든지, 별로 가진 것이 없는데 훌륭한 배우자를 만나 인생이 바뀌었다든지 말입니다. 어찌 부럽지 않을 수가 있겠습니까.

『본생경』에 이런 얘기가 나옵니다.

옛날 대선왕은 지혜, 공예, 단정, 정진, 복덕의 다섯 왕자를 낳습니다. 이들은 자기 장점을 토론하다가 결정이 나지 않아 자신의 장점을 살려 누가 가장 잘났는지를 증명해 보이기로 했습니다. 지혜왕자는 우연히 싸움을 목격하고 그들을 지혜롭게 화해시켜 돈 백 냥을 얻었습니다. 둘째는 나무를 깎아 왕의 눈에 들어 돈 백 냥을 받았고, 셋째는 얼굴이 단정하니 어딜 가도 여인들이 그에게 공양 올려 많은 금은보화를 얻었습니다. 넷째는 구하기 어려운 향나무를 구해 임금에게 바치고 돈 오백 냥을 받았습니다. 그런데 다섯째인 복덕왕자는 달랐습니다. 날이 더워 잠시 나무 그늘에서 잠이 들었는데, 마침 그 나라에 임금의 후계자가 없어 가장 복덕이 수승한 자를 찾고 있던 사신이 그를 발견하고 왕위에 천거했습니다. 그러니 일시에 큰 나라의 왕이 되었고 나머지 네 형제를 데려와 요직에 앉혔습니다.

부처님께서 이 이야기를 마치고 말씀하시기를 지혜왕자는 사리불이고, 공예는 아니루타, 단정은 아난, 정진은 수 보리이며, 복덕은 바로 부처님 자신이라고 말씀하셨습니다. 그만큼 살아가는 데에 복덕이 중요하다는 겁니다. '복덕'은 '행운'과는 다릅니다. 행운은 일시에 얻어지는 것이지만 복덕은 지금 얻는 것이 아니라 여러 과거생의 결과물인 것입니다. 복덕을 만드는 것은 공덕이요, 공덕을 쌓으면 어느 한 생에 복덕을 누리게 된다는 뜻입니다.

지금 큰 복덕을 누리고 있다고 해서 허튼 곳에 복을 써 버리면 내생에는 복 밭이 사라져 버려 박복한 삶을 살 수밖에 없습니다. 그러나 지금의 복덕을 귀한 곳에 잘 회향하면 복덕이 끊임없이 쌓이고 쌓입니다. 만일 부처님께서 전생의 어느 한 지점에 자신의 복덕을 나쁜 곳에 썼다면, 싯다르타 태자가 성불을 이룰 수 없었을 겁니다.

복덕을 구족하는 방법은 공덕을 잘 쌓는 일입니다. 자비심을 갖고 이타행을 실천하여 살다 보면 자신도 모르게 공덕이 쌓이고, 그것은 지금 당장이 아니라도 미래 어느 시점에 복덕으로 돌아오게 되어 있습니다. 또 내가 남들보다 복이 많은 사람이라면, 그것을 지금 다 써 버리지 말고 충분히 남을 위해 회향하시기 바랍니다. 부처님 법을 공부하는 우리는 언제라도 넓은 밭에 공덕의 씨앗을 뿌려야 합니다. 그러면 어느 해에 내가 심은 공덕보다 훌쩍 자란 복덕을 거두어들일 수 있을 테니 말입니다.

긍정도 하지 말고
부정도 하지 말며
어떤 것도 고집하지 말고
어떤 것에도 구애받지 말라.

『숫타니파타』

지금 이 순간

● 우리에게 가장 중요한 것은 바로 오늘 이 순간입니다. 이 순간은 우리가 가진 유일한 한 가지입니다. 무엇을 하고 무엇을 보고 무엇을 듣고 있든, 그 행동과 그 광경과 그 소리는 온 우주입니다. 세상의 모든 것입니다. 그것들이 모여 삶을 이루고, 사회를 만들고, 역사를 생성합니다. 그렇기 때문에 이 순간이 분명하다면 모든 게 분명해집니다. 반대로 이 순간이 흐리멍덩하다면 모든 것이 또한 흐리멍덩해집니다. 이것이 우리가 정진해야 하는 이유입니다. 우리는 이 순간을 온전히 살아 내기 위해 정진합니다. 이 순간을 온전히 살아 낸다면 보고, 듣고, 맛보고, 냄새 맡고, 느끼는 모든 게 명확해집니다. 하늘은 파랗고 나무는 푸릅니

다. 이것이 바로 진리입니다.

　그러나 세상엔 어제를 후회하고 내일을 걱정하느라 이 순간을 헛되이 소비하는 이들이 많습니다. 불교에서는 그것을 욕생欲生이라고 부릅니다. 사실 욕생은 보통 중생들이 살아가는 방식입니다. 인과의 흐름을 명확히 보지 못한 채 업대로 살아가는 것입니다. 그래서 다른 말로는 업생業生이라고 하는데, 기실 대다수 사람들이 이와 같다고 말할 수 있습니다. 욕생을 사는 사람은 탐진치만의貪瞋痴慢疑에 사로잡혀 늘 탐욕스럽고, 화내고, 어리석고, 오만하고, 의심합니다. 어디에 있든 원망하고 시비하느라 우리에게 주어진 단 한 가지인 동시에 모든 것인 이 순간을 온전히 누리지 못합니다. 여러분들은 어떻습니까. 평생을 고통받고 괴로워하다 죽음조차 받아들이지 못한 채 생의 마지막을 맞이하시겠습니까.

　다행인 것은 지금껏 업생을 살아왔다 하더라도, 선택 여하에 따라 업이 아닌 의지대로 사는 원생願生을 살아갈 수 있다는 사실입니다. 우리는 당장 이 순간부터 진리의 길을 향해 나아갈 수 있습니다. 부처님은 이미 그 길을 보여 주셨고, 수많은 선인들 역시 스스로 그러한 길을 걸어가며 오늘날 우리들에게 귀감이 되어 주고 있습니다. 정진의 삶은 곧 원력의 삶이요, 대광명의 밑거름입니다. 정진은 마음을 밝히는 일이고, 분별과 망상, 탐진치만의를 없애는 일입니다. 마음이 밝아지는 순간 영원한 자유라는 보물을 손에 넣을 수 있습니다.

  많은 이들이 살아가며 계획을 세우고 스스로를 새롭게 변화시키겠다고 다짐합니다. 하지만 대다수는 다짐을 지키기 위해 얼마간 노력하다 이내 나태해지는 자신을 발견하고는 좌절해 버립니다. 지금 이 순간도 제대로 살지 못하면서 어떻게 내일을 살아 낼 수 있을 것이며, 긴 생애를 설계할 수 있겠습니까. 무언가 성취하기 위해 땀 흘리는 사람은 아름답습니다. 설령 이뤄지지 않더라도, 최선을 다한다면 그 자체로 희망이 되어 고통으로 얼룩진 삶을 치유할 것입니다. 최선을 다하는 그것은 곧 지금 이 순간을 명확히 살아 내고 있다는 의미이기 때문입니다.

　지금 여기서 우리는 새로워질 수 있습니다. 인과를 깨달을 수 있고 광명을 목격할 수 있으며 눈부신 진리를 온몸으로 받아들일 수 있습니다. 여기서 행복하다면 지금껏 행복해 왔고 앞으로도 행복한 것입니다.

평안한 사람

● 　부처님께서는 평소 평안한 사람에 대해 많은 말씀을 하셨습니다. 평안한 사람이야말로 가장 행복한 사람이며 깨달음의 궁극적인 목적이 될 수 있기 때문입니다. 아무리 경제적으로 풍요롭다 하더라도 마음이 평안하지 않다면 그 풍요는 의미가 없습니다. 이와 마찬가지로 아무리 가진 것 없는 사람이라 하더라도 자신의 처지에 만족하고 그곳에서 평안함을 느끼는 사람이라면 그는 행복한 사람입니다.

　부처님께서는 『경집經集』에 다음과 같은 사람을 평안한 사람이라고 하셨습니다.

　　"죽기 전에 애착을 떠나 과거에 얽매이지 않고,

현재에 대해서도 이것저것 생각하지 않는다면

그는 미래에 대해서도 별로 걱정할 것이 없다.

그런 성인은 화내거나 두려워 떨지 않고

우쭐거리지 않으며 후회하지 않고

주문을 외거나 허둥거리지 않으며 말을 삼간다.

미래를 원하지도 않고

과거를 추억하며 울적해하지도 않는다.

감관에 닿는 모든 대상에서

멀리 떨어질 것을 생각하며

여러 가지 견해에 이끌리는 일이 없다.

탐욕에서 멀리 떠나 거짓 없고 욕심 내지 않으며

인색하거나 거만하지 않고

미움 받지 않으며 두말하지 않는다.

그는 어떤 사물에도 이끌리지 않는다.

이와 같은 사람이야말로

참으로 평안한 사람이라 할 만하다.”

부처님의 가르침대로 실천한다면 우리는 누구나 평안한 삶을 누릴 수 있다는 것을 알 수 있습니다. 그러기 위해서 가장 중요한 것이 자신의 감정을 스스로 조절할 수 있어야 한다는 것입니다. 하지만 일상생활에서 감정을 조절하기는 그리 쉬운 일이 아닙니다. 그러므로 우리는 끊임없이 부처님의 가르침을 공부하고 기도하면서 수행력을 길러야 합니다.

우리가 사람을 만나면, 평안해 보이는 사람이 있는가 하면 무언가에 불만이 가득해 보이고 화가 난 것 같은 표정을 가진 사람이 있습니다. 하지만 막상 대화를 해 보면 전혀 그렇지 않다는 것을 알게 됩니다. 이처럼 첫인상은 그 사람의 살아온 시간과 현재의 마음 상태를 고스란히 나타내는 것입니다. 첫인상이 평안한 사람을 만나면 기분이 좋습니다. 그래서 가까이 지내고 싶은 마음이 생기기도 합니다. 하지만 첫인상이 좋지 않은 사람은 불편하고 그래서 쉽게 마음을 열기가 어렵습니다.

여러분의 첫인상은 어떻습니까? 매일 아침 거울을 보면서 얼굴에 묻은 먼지만 닦아 낼 것이 아니라 자신의 인상이 어떤지 가만히 살펴볼 일입니다. 그리고 평안한 얼굴을 만들기 위해 노력해야 합니다. 평안한 사람이 곧 행복한 사람이기 때문입니다.

말과 침묵

● 　우리는 수없이 많은 말을 주고받으며 살아갑니다. 의사소통을 하기 위해 가장 쉽고 편안한 수단이 말이다 보니 말을 하지 않고는 하루도 살아가기 힘듭니다. 더군다나 요사이에는 통신 기기의 발달로 인해 누구나 휴대전화를 가지고 다니며 걸어 다닐 때든 차 안에서든 언제 어디서나 대화를 하는 그야말로 말의 홍수 시대에 살고 있다고 해도 과언이 아닙니다. 물론 꼭 필요한 대화도 있겠지만 꼭 하지 않아도 될 말, 차라리 하지 않았으면 좋았을 말, 생각 없이 뱉은 무의미한 말 등등 너무나도 많은 말을 하고 또 들었다는 것을 깨닫게 될 것입니다.

　이렇듯 말을 많이 하다 보면 남에게 상처를 주는 말도 하기 쉽고 구업口業을 짓기도 쉽습니다. 가끔 잠자리에 들기 전에 과연 내가 하루 동안 얼마나 많은 말을 하고 또 얼마나 많은 말을 들으며 지냈는지 생각해 볼 필요가 있습니다.

『중아함경』에 다음과 같은 이야기가 전합니다.

부처님께서 어느 날 오후 아난다를 데리고 아지타바티강으로 가서 목욕을 했습니다. 목욕을 끝낸 후 아난다의 청을 받아들여 바라문 람마카의 집으로 갔습니다.

그때 마침 람마카의 집에서는 많은 비구들이 모여 설법하고 있었습니다. 부처님은 문 밖에 서서 비구들의 설법이 끝나기를 기다렸습니다. 이윽고 설법이 끝난 것을 안 부처님은 문을 두드렸고 곧 비구들이 나와 부처님을 맞았습니다. 부처님은 자리에 앉은 뒤 물었습니다.

"너희들은 좀 전에 무슨 이야기를 하였으며 무슨 일로 여기 이렇게들 모였느냐?"

"부처님, 조금 전에 저희들은 법을 설하였으며 그 법을 설하기 위해 이렇게 모였습니다."

"착하다. 비구들아, 너희는 모여 앉으면 마땅히 두 가지 일을 행해야 한다. 하나는 설법하는 일이고 또 하나는 침묵을 지키는 일이다."

부처님께서 말씀하신 것은 쓸데없는 말을 많이 하기보다는 법을 설해야 하고 그렇지 않다면 오히려 침묵을 지키는 것이 낫다는 가르침입니다.

우리는 스스로를 드러내고 과시하기 위해서 많은 말을 합니다. 그러다 보면 과장된 말, 거짓된 말, 상스러운 말을 하게 되고 그것은 상대방의 마음에 상처를 주게 되니 구업口業을 짓게 되는 것입니다. 지금부터는 먼저 많은 말을 하려고 하지 말고 상대방의 말을 들어 주는 연습을 해 보기 바랍니다. 듣기를 우선하면 말이 줄고, 말이 줄면 실수가 줄고, 실수가 줄면 타인에게 상처 입히는 일과 구업이 줄어듭니다. 잘 듣는 것, 말을 줄이는 것, 단 두 가지로 성숙한 사람으로 거듭날 수 있는 것입니다.

연꽃은 낮고 축축한

진흙 속에서 피어난다.

그러므로 이 세상의 진흙 속에서

우리는 깨달음의 연꽃을 피워야 한다.

바다에 들어가지 않으면

진주를 얻을 수 없다.

어지러운 세상의 바다에

들어오지 않으면

지혜의 보배는 결코 얻을 수 없다.

『유마경』

원망이 잉태되지 않도록

● 　우리는 자연에도 기대어 살고 사람에게도 기대어 삽니다. 어느 것 하나 연관되지 않은 것 없이 유무정을 가리지 않고 얽히고설키어 살아가므로 일이 생기는 인연은 어느 하나의 이유 때문만은 아닙니다. 그렇기에 무언가 일이 생겨나면 원인과 당사자를 따져 물어 책임 소재를 밝히려고 합니다. 모든 일은 사람의 행行으로부터 출발하므로 누구의 어떤 행인지를 아는 것은 문제의 발단을 찾기 위한 과정이 되겠지만, 어떨 때는 '어떤' 행이었는지보다 '누구'의 행이었는지를 더 중요하게 생각합니다.

　살아가다 보면 '누구'를 가려내는 것이 중요할 때가 분명히 있습니다. 그런데 일상에서나 어디에서나 빈번하게 누구의 잘못인지 캐내려 드는 습관은 무엇이든 '내 문제가 아니요, 남 탓'이라는 생각에 남을 원망하는 마음을 일으키기 십상입니다. 원망은 원망을 낳습니다. 우리는 계속해서 원망이 생산되지 않도록 주의해야 합니다.

첫째로는 나 스스로 타인을 원망하지 않아야 합니다. 억울한 일이 생기기도 하고, 모함을 당하기도 하고, 다른 사람의 잘못으로 중요한 일이 틀어지기도 합니다. 이럴 때 상대방에 대한 미운 감정이 불길처럼 솟아오르기 마련입니다. 미운 마음에 불이 붙는 것은 중생심일 때나 그러합니다.

인생의 고통을 사고팔고四苦八苦라고 하는데 생로병사라는 네 가지 고통과 구부득고求不得苦, 원증회고怨憎會苦, 애별리고愛別離苦, 오음성고五陰盛苦의 네 가지를 통틀어 표현한 것입니다. 이 중에 원증회고는 원망스럽고 미운 대상을 만나야 하는 고통을 뜻합니다. 중생이 살아가면서 겪는 팔난八難 가운데 하나가 미운 사람을 만나는 일이라는 것입니다. 본래 없는 미움을 스스로 만들어 자기 자신을 갉아먹는 일만큼 어리석은 일이 없습니다. 남을 향한 원망을 거두어 들이기가 어렵다면 미움보다 더 큰 자심慈心을 일으켜 미움으로 고통받는 자신의 마음을 다스려야 합니다.

둘째로는 남이 다른 사람을 원망하게 하거나, 다른 사람으로부터 원망을 사게 해서는 안 됩니다. 이간질을 하지 말라는 겁니다. 이간질에도 두 가지가 있습니다. 사실이 아닌 일로 이간질을 하거나 사실로써 이간질을 하는 경우입니다.

전자는 사실을 거짓되게 옮기는 일, 하지 않은 일을 교묘하게 꾸며서 오해를 사게 하는 일, 불필요한 말을 옮겨 분란을 만드는 일 등입니다. 거짓된 말로써 기만하고 오해와 갈등을 만들어 자신에게 유리한 상황을 만들려는 생각과 행위는 매우 저급한 것이며 결코 자신에게 이득이 생기지 않는다는 사실을 명심해야 합니다.

후자는 더욱 조심해야 합니다. 타인의 부정한 모습을 알았고 그것이 명백한 사실이라고 해도 공공연하게 비난해서는 안 됩니다. 그 사람이 한 잘못이 공공의 이익에 반할 때는 사회질서와 법에 따라 책임을 지게 됩니다. 개인적인 판단은 철저하게 개인의 몫이어야 하며 세간의 평가는 세간에 맡겨야 합니다. 이는 나의 판단이 타인의 감정에 작용해서는 안 된다는 말입니다. 누군가의 과오를 알았더라도 그 장면을 자기 안에 넣고 빗장을 걸어 버려야 합니다. 그가 지은 업의 과보는 언젠가는 돌려받게 되어 있습니다.

심은 자리에는 심은 것이 납니다. 내 자리에서 원망을 심으면 원망이 나고 자비를 심으면 자비가 납니다. 지혜를 심으면 지혜가 납니다. 여러분의 마음에는 어떤 씨앗을 심겠습니까.

용서하는 지혜

● 남아프리카에서 살아가는 부족 가운데 '바벰바족'이 있습니다. 바벰바족 사회에서는 범죄가 거의 일어나지 않는데, 그들만의 독특한 문화가 있기 때문이라고 합니다. 바벰바족은 죄를 저지른 사람이 생기면 그를 광장 한복판에 세우고 마을 사람들이 모든 일을 중단하고 광장에 모여 그를 둘러싸고 일종의 공개재판을 합니다. 남녀노소 할 것 없이 돌아가며 그에게 한마디씩을 건네는데, 비난이 아닌 지난날 그가 행한 선한 일과 그에게 감사했던 일, 그가 가진 장점에 대한 말을 하는 겁니다. 이때 비난, 욕설, 원망의 말은 한마디도 등장하지 않고 그가 칭찬 들을 만한 일을 모두 말해 줄 때까지 심판 아닌 심판은 며칠이고 이어집니다.

죄를 지은 자신에 대한 칭찬의 말을 들으며 며칠을 보내고 나면 절로 자신의 잘못을 뉘우치게 되고, 가족과 이웃의 사랑에 보답하겠다는 결심까지 하게 됩니다. 그러면 마을 사람들은 그를 안아 주고, 위로해 주고, 용서합니다. 잘못을 저지른 사람의 죄는 잠시 묻어 두고, 그 사람이 평소에 했던 선행을 말해 주고 용서하고 다시 시작할 수 있도록 조력하는 것, 이것이 범죄를 일으킨 사람에 대한 바벰바족만의 단죄 방식입니다.

물질적으로든 정신적으로든 신체적으로든 자신에게 손해를 입힌 사람을 용서한다는 것은 결코 쉬운 일이 아닙니다. 불교적 관점에서, 인과론적으로 생각한다 해도 쉽게 할 수 있는 일은 아닐 것입니다. 특히 요즘처럼 시차 없이 양방향 소통이 가능하고 즉각적으로 반응을 일으키는 시대에는 당장 내가 입은 손해와 불이익 앞에서 생각을 깊고 넓게 하기가 어렵고, 상대에게 자애로운 말을 건네기는 여간 힘든 일이 아닐 수 없습니다.

그렇기에 소수 공동체인 바볌바족의 방식이 큰 사회 공동체에서 더 큰 문제와 마주하며 살아가는 사람들에게 동화 같은 이야기로만 보일지 모르지만, 여기에는 꼭 필요한 교훈이 있습니다. 잘못한 일은 정해진 약속대로 처벌하되 잘못에 가린 지난 선행을 발굴하고 도덕성을 회복하는 일에 공동체가 함께한다는 사실입니다. 그렇게 해서 순간의 잘못으로 그 사람이 살아온 삶 전체가 왜곡되고 그가 가진 다양한 모습 중에서 부정적인 하나의 모습으로 규정되는 일을 막아 내는 것입니다.

　강력한 처벌이 필요하고 사회적으로 지탄받아 마땅한 일을 저지르는 사람도 많지만, 오해에서 비롯하거나 한쪽의 편협한 판단에 의해 잘못 알려진 일, 성숙하지 못한 사람들의 사소한 실수에 전후가 파악되기 전에 비난을 쏟아 내는 경우도 비일비재합니다. 살아가면서 자주 보거나 겪는 일이고, 우리는 어느 입장에든 놓일 수 있습니다. 그러므로 용서받고 속죄하고 선한 본성을 되살리는 기회를 줄 수도 받을 수도 있어야 합니다.

　모진 비난에는 서슬 퍼런 날이 있어 생각을 더 모나게 빚고, 자애로운 말에는 온기가 있어 차게 식은 마음도 훈훈하게 어루만져 줍니다. 한 순간, 한 마음만 먹으면 됩니다. 한 생각만 양보하면 이해하고 타협하고 용서할 수 있는 길이 선명하게 드러납니다.

살펴보기

●   기상 현상은 우리 생활에 매우 중요하게 작용하기 때
문에 사람들은 날씨의 변화에 관심을 갖고 살아갑니다. 반
드시 맑은 날만이 생활에 이익이 있는 것이 아니기에 햇살
이 뜨거운 여름이면 누군가는 비를 그리워할 것이고, 반면
익어 가는 작물을 기다리는 농심農心에는 깊은 장마가 불청
객일 것입니다. 이렇듯 저마다의 사연과 생각을 바탕으로
만물을 바라보는 것은 당연한 일입니다. 각기 다른 처지에
서도 어느 때는 한 가지 일을 염원하게 되는 것, 이 또한 그
러할 수 있는 일입니다.

이와 같이 마땅히[當] 그러한[然] 일이란 언제고 같은 뜻, 같
은 방식으로 일어나는 것이 아닙니다. "그것이 당연하다.

당연히 그래야 한다."고 쉽게 말하지만 각자 처해 있는 상황이 다르다는 것은 판단의 근거도 달라진다는 뜻입니다. 이를 외면하고 자신의 식견과 경험에 비추어 '마땅하다.'는 관념에 매몰되는 것은 위험을 초래합니다. 자신과 생각이 다르다고 하여 틀렸다거나 있을 수 없는 일이라고 단언할 수 없습니다. 마땅함을 논할 때, 그 배경에 아상我相이 자리한 것은 아닌지 경계해야 하는 이유입니다.

이 사실을 간과하므로 자주 다툼과 갈등이 일어납니다. 분명 어느 한쪽이 더 효율적이고 합리적인 판단을 할 때가 있습니다. 그럴 때 상대방이 잘못된 생각을 하고 있다 해서 틀렸다고 비난하거나 몰아세우면 감정만 상할 뿐 좋을 일이 없습니다. 원만하게 화합을 이끌어 내는 힘은 비난이 아니라 이해와 포용에 있는 것입니다. '상대방이 그와 같은 판단을 하는 이유가 있을 것이다. 그러므로 그러한 말과 행동을 하는 것일 터다.' 라고 생각하는 편이 모든 일을 훨씬 유연하게 만듭니다.

살아가는 모습이 서로 다른 것이야말로 참으로 '응당 그러한' 일입니다. 아상을 벗겨 내고 반목을 피하는 주문으로 '당연하다' 보다 '그럴 수 있다' 라고 말해 봅시다. 그럴 수도 있다는 헤아림에서 이해가 시작되고 배려가 움틉니다.

부쩍 우리 사회가 신뢰가 무너지고 서로 반목하는 험로 위에 있다는 생각이 듭니다. 이런 때일수록 스스로를 단속하고 상대를 배려하고 더 큰 안목으로 일과 사물을 바라보는 힘이 필요합니다. 불도를 걸어가는 수행자라면 '당연' 그 힘을 스스로를 관조하는 일로써 길러야 합니다.

작은 물방울이 모여 큰 그릇을 채우는 것처럼

모든 일은 작은 것에서 시작한다.

『범망경』

불제자의 도리

● 　부처님께서 무상정등각을 성취하신 이후 그 가르침은 곳곳으로 퍼져 나갔습니다. 오롯이 제 자리를 잡은 지역에서 불교가 개개인의 지성과 정신에 스며든 것은 물론 정치, 경제, 사회, 문화에 지대한 영향력을 발휘하면서 역사를 구축해 왔습니다. 불교는 곧 일상이었고, 일상 속 불교는 다시 개별적 삶으로 드러나 주변을 감화시켜 나갔습니다.

　물론 불교가 일상이 되기까지 깊은 믿음을 지닌 이들의 숭고했던 실천이 있었음을 우리는 잘 알고 있습니다. 부처님 가르침을 가슴에 담고 전법의 길을 떠난 제자들, 각자의 땅에 불교의 씨앗을 뿌린 순교자들, 진리의 시원始原에 닿고자 죽음의 길을 걸어간 구법승들입니다. 현시대가 누리는 정신적·문화적·사회적 가치 가운데 많은 것들이 불교와 연관돼 있는 것은 2,500여 년 시간 속 수많은 정신들의 위대한 선택이 만들어 낸 결과입니다.

하지만 현시대의 불교는 어떻습니까. 이 시대 불교는 후손들에게 전해 줄 가치들을 만들어 내고 있습니까. 백 년 후, 천 년 후 이 땅에 살게 될 사람들은 지금 시대 불교의 가치들을 향유하고 있을까요. 이 질문은 본질적으로 불자들이 가져야 할 삶의 태도와 연결돼 있습니다. 다름 아닌 포교입니다.

포교는 무엇입니까. 포교는 마음이고 행동입니다. 한 불자가 지인과 함께한 자리에서 식사를 하기 전 경건한 자세로 〈오관게〉를 외웠습니다. 그 모습을 본 지인이 무엇을 하느냐고 물었습니다. 불자는 〈오관게〉의 의미를 설명했고, 그 이야기를 들은 지인은 처음으로 생명과 인연에 대해 생각해 보았습니다. 어쩌면 깨달음이 될지 모를 씨앗이 지인의 마음에 심어진 것입니다. 불자가 〈오관게〉를 외운 것은 특별한 행동이 아닌, 마음에서 우러난 자연스러운 행동이었습니다만 그 마음과 행동이 주변에 특별한 씨앗을 심게 되었습니다. 이것이 포교입니다.

그렇다면 진정한 불자들은 어떤 마음가짐으로 어떤 행동을 하는 것일까요.

우선 보시를 들 수 있습니다. 현대인들은 탐욕을 기반으로 둔 쟁취를 장려하는 분위기 속에서 살고 있습니다. 수단과 방법을 가리지 않고 쟁취한 뒤 그것을 손에 부여잡고 놓지 않기 위해 온 에너지를 쏟아 붓고 있습니다. 하지만 보시는 이와는 다르게 무엇인가를 나눠 주는 행위입니다. 나누면 행복이 충만해 오며 내 마음이 광대해지는 것을 느낍니다. 타인으로부터 빼앗으려 하지 않고 타인에게 나눠 주려는 그 마음은 진정한 불자의 자연스러운 행동입니다.

계를 지키는 것도 마찬가지입니다. 일반인들의 눈에 아무리 하찮게 보이는 생물도 불자에게는 스스로와 동일한 존재로 비춰집니다. 내가 해를 당하지 않길 바라듯 모든 생명들도 해를 당하지 않길 원한다는 걸 잘 알기 때문입니다. 이 마음은 뭇 생명을 존중하는 마음에 이르게 됩니다.

또한 불자는 인욕합니다. 억누른 분노는 반드시 솟아오르게 되지만 자비로운 마음으로 상황을 이해할 때의 분노는 자연스럽게 사그라집니다. 그렇기 때문에 어쩔 수 없이 분노해야 하는 상황 속에서도 자비의 마음을 가지려고 노력합니다. 인욕이 성장해 나갈수록 스스로 단단해지니 불자는 나를 절망케 하는 상황을 억누르려 하거나 회피하지 않고 자비로 기꺼이 대하려 합니다. 이것이 진정한 인욕입니다.

이와 함께 불자는 원력과 의지를 가지고 정진하며 마음을 아주 고요하고 평화롭게 해서 내면을 비춰 봅니다. 지혜의 눈으로 보고 지혜로운 행동을 합니다.

진정한 불자가 갖춘 이러한 덕목들은 결국 '나'라는 존재로 향하게 되어 '나'를 바로 보게 하는 힘이 됩니다. 불교는 특별한 무엇이 아닙니다. '나'라는 존재가 수십억 겁 이어 온 업들의 결정체라는 사실을 잘 아는 것입니다. '나'

라는 존재가 어디서 와서 어떻게 구성돼 있고, 결국 어디로 가는지 잘 아는 것입니다. 인연으로 얽힌 세상에 대한 통찰이 깨달음이 되었을 때 우리는 비로소 참불자로 거듭납니다.

인생이 무엇인지, 어떻게 살아야 하는지 모르는 이들에게 불자의 삶은 그대로 지표가 되어 줄 것입니다. 그렇게 되어 주겠다고 발원했기 때문이 아니라 부처님 가르침을 삶 속에서 온전히 실천하기 때문에 그렇습니다. 이 이치를 알기에 오늘의 삶을 허비할 수 없는 것입니다.

여러분들은 삶 속에서 부처님 가르침을 잘 실천하고 있습니까? 보시하고 지계를 지키며 인욕하여 정진, 선정, 지혜를 잘 닦고 있습니까? 그렇다면 여러분은 최고의 포교사입니다.

나아가는 힘

● 　얼마 전 창녕 우포 따오기 복원센터에서 보호해 온 따오기 40마리가 야생에 방사되었습니다. 따오기는 천연기념물 제198호로 1979년 이후 멸종되었다고 알려졌는데, 중국 후진타오 주석과 시진핑 주석이 기증한 따오기를 복원센터에서 개체 수를 늘리며 길러 왔다고 합니다. 인공 환경에서 번식하며 자라 온 따오기들이 마침내 자연으로 돌아가게 된 것입니다.

　원래 야생에서 살았던 따오기들이 다시 야생으로 돌아가기까지는 오랜 기간 반복된 훈련이 필요했습니다. 안전한 복원센터에서는 먹이가 부족하지도 않았고, 자동차 소리, 사람 소리에 놀랄 일도 없었으니 경험해 보지 못한 낯선 환경에 적응하여 살아가기 위해서 꼭 거쳐야 했던 과정입니다. 마땅히 있어야 할 본래 자리로 돌아가는 데도 훈련이 필요했던 것입니다.

살아 있는 존재는 누구나 현재의 환경에 적응해서 살아갑니다. 인간도 마찬가지입니다. 습관을 버리고 익숙한 환경에서 역행하기란 쉽지 않은 일이지요. 수십 년을 중생심으로 살아온 우리들입니다. 그러니 이미 훈습된 중생심을 버리고 본래 면목으로 돌아가려면 얼마나 많은 훈련이 필요하겠습니까? 일상의 작은 부분부터 나를 바꾸는 행을 실천해 중생심을 걷어 내는 훈련을 해야 합니다. 이 훈련이 계속되면 보살심이 무르익어 불성의 자리로 회귀하는 길이 열립니다. 자연에 방사된 따오기가 사냥에 실패하거나 낯선 환경이 불안해 복원센터로 돌아오기를 반복한 끝에 야생에 안착하듯 누구나 목표 지점에 도달하기까지 많은 시행착오를 겪게 될 것입니다. 그럴 때 제자리에 주저앉아서는 안 됩니다.

『불반니원경』에는 좌절을 경계하라는 가르침이 나옵니다.

> "만약 수십 명이 각각 활을 가지고 과녁을 향하여 화살을 쏘면 안쪽에 맞는 것도 있고 바깥쪽에 맞는 것도 있지만, 쉬지 않고 화살을 쏘면 반드시 과녁의 중앙에 맞듯이 이와 같이 게으르지 않고 잡념이 없으면 먼저 도를 증득할 것이다. '아직도 내가 도를 얻지 못했구나.'라고 한탄하지 말아야 하니, 마치 사람들이 쉬지 않고 화살을 쏘면 마침내 과녁을 맞히는 것처럼 쉬지 않고 행하면 마침내 도를 증득할 것이다."

불퇴전의 정진이란, 이렇듯 실패에 무너지지 않고 계속해서 나아가는 원력을 말하는 것입니다. 수행하는 데 있어 경계와 만나더라도 우리는 완성된 부처가 아니라 인공의 환경에서 본래 면목으로 돌아가려 애쓰는 수행자이며, 고

해의 중생계가 아닌 본래 부처의 자리로 회귀하는 길목에
서 있다는 사실을 늘 주지하시기 바랍니다.

보리의 나무

● 불교에서는 한 시기의 마디를 마치고 새 마디로 향하는 의식을 회향이라 합니다. 말 그대로 '돌이켜 다시 향한다.'는 뜻입니다. 그런데 회향에 대한 불교의 가르침은 좀 더 지고한 불교 수행에 바탕을 두고 있습니다.

불교에서의 회향은 세 방향으로 향합니다. 그 첫째가 중생회향입니다. 지금까지 쌓아 온 내 공덕이 있다면 그 공덕을 중생에게 돌리겠다는 자비심의 출발입니다. 둘째는 보리회향입니다. 지금까지의 수행을 바탕으로 더욱 정진하여 불도를 이루겠다는 출발입니다. 그리고 셋째는 중생과 보리를 뛰어넘어 진리에 계합, 즉 하나가 되겠다는 회향입니다. 따지고 보면 이 세 가지 방향은 모두 하나로 귀결됩니다. 중생을 건지겠다는 마음은 보리심에서 비롯되며 보리심의 발로는 또한 중생을 걱정하고 근심하는 데서 비롯되기 때문입니다. 그리고 이 두 마음이 모두 진리에 계합하기에 실제 법으로 말한다면 세 길도 한 길인 것입니다.

회향을 생각하며 우리들은 다시 도를 구하겠다는 보리심을 가꾸고자 하는 마음을 일으켜야 합니다. 앞서 말한 바와 같이 보리심은 중생에 대한 자비에서부터 출발합니다. 중생이 탐진치의 노예가 되어 살아가고 있는 것은 예나 지금이나 다름이 없습니다. 욕심에 근거하여 세운 목표는 모두 고통을 동반합니다. 구할 때는 얻지 못하여 괴롭고, 이루고 나면 다시 그것을 잃어버릴까 염려합니다.

우리 역시 아직은 중생이니 마음을 다잡지 못하면 끊임없이 위와 같은 실수를 반복하며 불행의 길로 빠져듭니다. 보리심을 일으킨다는 것은 곧 나의 중생심을 건지기 위한 자비에서 출발하는 것입니다. 우리는 이미 불도에 귀의했고, 처음 마음을 내었을 때 이미 보리의 씨앗을 심었으니 이 보리의 나무가 잘 자라도록 가꾸어야 합니다. 보리의 나무를 가꾸기 위하여 자기 성찰이 필요하고, 기도는 자기 성찰을 위한 최상의 방편이 될 것입니다.

매일 30분 기도하십시오. 기도가 보리의 나무를 기르는 최고의 불사입니다. 예전 기도하던 할머니들은 염주가 없으니 자기 방을 법당 삼아 콩을 한 가마씩 부어 놓고 하나씩 자루에 담으며 아미타불을 염하고 관세음보살을 염했다고 합니다. 우리는 염주가 있으니 염주를 돌리며 기도하면 되고 또한 바쁜 생활이니 하루 30분씩이라도 기도하며 감사와 축원을 합시다. 그것이 어려우면 하루에 아침저녁으로 2분만이라도 기도합시다.

이렇게 10년을 계속한다면 10일 이상을 단 1초도 쉬지 않고 기도하는 것이 됩니다. 이렇게 기도하며 반성과 감사와 축원을 하게 되면 자신의 마음과 행동을 관찰하게 되고, 타인에 대한 원망과 시비가 없어지고, 마음이 안정되고, 실수가 줄고, 모든 일이 원만하게 돌아갑니다. 자신에 대한 자비심이 넓어져 이웃을 생각하게 되고 모든 중생에게로 넘쳐흐르게 됩니다. 자성청정심에 심어진 보리의 나무는 기도를 자양분 삼아 무럭무럭 자라나게 될 것입니다.

참기 어려움을 참는 것이 진실한 인내

● '초발심시변정각_{初發心時便正覺}'이란, 보리심을 처음으로 일으켜, 깨달음으로 정각을 이루는 것을 뜻합니다. 즉 처음 마음을 내는 그 안에 이미 깨달음이 성취되어 있다는 말입니다. 불가에서는 초심자에게 흔히 이르는 말로 그만큼 처음 마음을 내는 것이 중요한 것임을 일깨우는 말입니다.

기회는 기다리는 사람에게만 오는 것입니다. 그래서 깨달음을 성취하겠다는 각오로 임한다면 자신에게 오는 기회를 잡을 수 있을 것이요, 그렇지 않다면 그 소중한 기회는 놓치고 말 것입니다.

이것은 비단 수행자에게만 해당하는 가르침은 아닙니다.

어제가 오늘이 되고 오늘이 내일이 되는 것을 당연하게 생각하고 인생이 영원할 것이라는 안일한 생각으로 사는 사람과 목표를 정해 두고 그것을 성취하기 위해 촌각을 아끼며 성실하게 사는 사람의 삶은 전혀 다른 삶입니다.

당장은 편안하게 사는 것이 가장 행복하다고 하겠지만 그러한 삶의 끝은 허무하고 불행할 수밖에 없습니다. 반면 목표를 이루기 위해서 끊임없는 노력과 도전으로 이루어진 삶은 충만하고 빛이 날 것입니다.

수행자에게는 출가하고 처음 몇 년 동안이 가장 보리심을 일으키기 쉽고 공부에 진척이 빠를 때입니다. 이때 찾아오는 깨달음의 기회를 그냥 무심히 지나쳐 버리면 다시는 그러한 좋은 때를 맞이할 수 없을 수도 있습니다. 그러므로 그 때를 놓치지 않고 백척간두진일보百尺竿頭進一步의 마음으로 정진하라고 합니다.

『잡보장경』에 "참기 어려움을 참는 것이 진실한 참음이요, 누구나 참을 수 있는 것을 참는 것은 일상의 참음이다. 자기보다 약한 이의 허물을 기꺼이 용서하고, 부귀와 영화 속에서 겸손하고 절제하라. 참을 수 없는 것을 참는 것이 수행의 덕이니, 원망을 원망으로 받아들이지 말고, 성내는 사람 속에서 마음을 고요히 하여, 남들이 모두 악행한다고 가담하지 말라."는 가르침이 있습니다.

우리 불자들도 위의 가르침을 항상 마음에 새기고 참회하는 마음, 간절한 마음, 요행을 바라지 않는 마음, 포기하지 않는 마음으로 고통과 갈등을 이겨 내고 목표를 반드시 이루겠다는 신념으로 정진해야 할 것입니다.

모든 법은 꿈과 같고 허깨비와 같다.

그러므로 망령된 생각은 본래 고요하고

진경도 본래 공한 것이다.

모든 법이 다 공한 곳에

신령스러운 지혜가 어둡지 않으니,

이 공하고 고요한 신령스러운 지혜의 마음이

바로 그대의 본래 면목이다.

『수심결』

마음을 깨우는 지혜의 울림

마음 밭에 씨앗 하나

초판 1쇄 발행 2020년 10월 24일

지은이	세운
펴낸이	오세룡
편집	김정은 박성화 손미숙 김영미 유나리
기획	최은영 곽은영 김희재
디자인	조영주 고혜정 김효선 장혜정
일러스트	김경연
홍보·마케팅	이주하
펴낸곳	담앤북스
	서울특별시 종로구 새문안로3길 23 경희궁의 아침 4단지 805호
	대표전화 02)765-1251
	전자우편 damnbooks@hanmail.net
	출판등록 제300-2011-115호

ISBN 979-11-6201-256-7 03220

마음밭에
씨앗하나